Visões Essênias

Daniel Meurois-Givaudan

Visões Essênias

Tradução
OCTAVIO MENDES CAJADO

EDITORA PENSAMENTO
São Paulo

Título do original:
Visions Esséniennes

Edição	Ano
1-2-3-4-5-6-7-8-9	98-99-00

Direitos de tradução para a língua portuguesa
adquiridos com exclusividade pela
EDITORA PENSAMENTO LTDA.
Rua Dr. Mário Vicente, 374 — 04270-000 — São Paulo, SP
Fone: 272-1399 — Fax: 272-4770
E-mail: pensamento@snet.com.br
http://www.pensamento-cultrix.com.br
que se reserva a propriedade literária desta tradução.

Impresso em nossas oficinas gráficas.

SUMÁRIO

Para Aquela que vem...

Introdução

Por que e Como

Quando temos dentro de nós "alguma coisa" que nos impele a escrever e a testemunhar, nunca escolhemos realmente o tema que vamos abordar. Ele se precipita no interior da pessoa, põe-se a viver diante dos olhos da alma e, em seguida, jorra da ponta da pena, custe o que custar. É um pouco o que aconteceu, de novo, com a redação deste livro. Ele veio me procurar, apesar das minhas hesitações em reinvestigar a dimensão do Passado.

Com efeito, ele se apresentava assim: reencontrar, por meio da leitura dos Registros akáshicos, alguns traços a mais do ensinamento crístico original. Traços esquecidos, negados, misturados até pelo tempo e, sem dúvida, sobretudo, pela sucessão dos poderes dogmáticos.

Empenhei-me, portanto, dia após dia, em reencontrar, como os fragmentos de uma charada desmembrada, a presença e as palavras do Cristo, do Rabi, do Mestre, como o chamávamos outrora. Trabalho perturbador e cheio de transtornos que me fez essencialmente, redescobrir, de outro modo, o Amigo.

É esse Amigo, essa proximidade de coração a coração, que as páginas que se seguem tentarão fazer-vos tocar com o dedo.

Quando falamos do Passado e sobretudo de um passado poderoso que alimentou as esperanças e também um certo imaginário durante milênios, somos inevitavelmente levados à nostalgia.

Este livro, tal qual se apresenta, entretanto, não foi escrito a fim de alimentar semelhante sentimento. O passado não é nem mais belo nem maior do que o presente. É apenas diferente. O fato de ter sido dotado pela Natureza da capacidade de poder mergulhar em seu seio proporciona-nos uma prova incessante desse fato.

Assim, compreendamo-lo bem, esta obra não foi redigida a fim de que seus leitores fujam de um cotidiano cada vez mais difícil; de compreender e administrar. O objetivo dela é exatamente o contrário.

A necessidade e a vontade de reencontrar raízes autênticas não implicam um retrocesso, nem essa espécie de "romantismo espiritual" que leva a fugir do que se nos oferece a cada dia. Nossas raízes constituem um ponto de alimentação, um ponto de chamada. Podem tornar-se um ponto de referência mas não um covil em que nos escondemos.

No caso presente, sobretudo, não há nada para esconder ou de que se esconder. Muito pelo contrário. O ensinamento do Cristo, tal e qual aparece em toda a sua dimensão, incita antes a expor em plena luz um conjunto de realidades que visa fazer-nos ir adiante e sair de trás dos nossos sucessivos baluartes. A dissolução das nossas escamas, dos nossos espinhos, é a finalidade de tudo isso. Assim sendo, estas páginas, tais e quais surgiram da Memória do Tempo, não dão lugar a uma saudade por certo enternecedora mas também, e sobretudo, estéril.

Elas têm por função comunicar um Fogo que não permite a tepidez... Mas, atenção, essa tepidez não é sinônimo de equilíbrio, de justa medida entre o quente e o frio; é o não-empenho, a não-escolha. Uma não-escolha que os discípulos da Vida, que somos todos nós, não podem continuar alimentando se forem, por pouco que seja, conscientes da situação atual.

De fato, este testemunho não foi concebido para ser lido em dois dias e depois alinhado tranqüilamente entre romances nas prateleiras de uma biblioteca. Ele existe para reavivar a memória, sacudi-la, se for necessário... pois talvez seja, com efeito, de sacudidelas de que temos necessidade neste fim de milênio. Existe uma única catástrofe que deveríamos temer: a do esquecimento.

Tudo nos diz que está na hora de aceitar que a Vida nos agarre pelo corpo e que, de cem maneiras, nos dê a força de extirpar o esquecimento do nosso coração. O esquecimento não do que foi, mas do que é e também, por conseqüência, do que somos.

Este livro que o leitor tem entre as mãos é, portanto, um livro de reencontros, um livro cujas linhas viajam constantemente do passado para o presente e vice-versa. Ele propõe uma série de idas e vindas entre os Tempos evangélicos e nosso fim de século. Paralelamente, descreve um movimento de vai-e-vem entre o que, em nós, não fenece e a face hesitante, interrogativa, amnésica e sofredora do nosso ser.

Alguns meses de mergulhos contínuos nos Registros akáshicos me permitiram constatar até que ponto há semelhança entre os Tempos crísticos e essênios e o período atual. Aí encontramos as mesmas interrogações, as mesmas esperanças e as mesmas paixões exacerbadas. A Palestina e o mundo romano simplesmente se estenderam ao planeta inteiro com seus esquemas comportamentais. Os temperamentos e os princípios permanecem os mesmos. A Vida os faz somente tomar hoje uma amplitude diferente a fim de ficarmos ao pé do muro... pois é somente diante da muralha que podemos decidir-nos a mudar.

O que o testemunho destas páginas nos prega não é, com efeito, nada mais que a necessidade de uma mudança radical. Ele acentua o aspecto revolucionário do Cristo, um aspecto muito freqüentemente sufocado e do qual o nosso mundo tem verossímil necessidade hoje, a fim de se erguer acima dos seus hábitos inveterados.

Possa o leitor encontrar nele um pouco do Sopro necessário para entrar em ação num amor maior.

Daniel Meurois-Givaudan

Capítulo Um

Duas Vezes Mil Anos

Naquele dia, estávamos reunidos nas alturas que dominam Tiberíades. Entre as moitas de espinheiros que se agarravam aqui e ali às cascalheiras, adivinhavam-se ao longe os telhados chatos da aldeia, pequenas manchas brancas e ocres. Via-se serpentear a estrada pedregosa que circundava o lago, bordada de ciprestes e amendoeiras. Era pela manhã e um mundo inteiro se espremia ali, feito de mercadores com suas carriolas puxadas por burros, viajantes que vinham de países distantes e também pequenos destacamentos de soldados romanos.

Éramos um pouco mais de uma centena e observávamos tudo aquilo em silêncio, encantados pela dança lenta dos barcos de pesca espalhados sobre a água.

Nessa manhã não soprava nenhum vento e as velas cor de areia se inflavam com dificuldade. Apenas se via enrugar-se e cintilar a superfície perlada do lago.

O Mestre estava presente entre nós, igualmente mudo, de acordo com o seu hábito quando nos reunia. Sabíamos que ele falaria, mas o tempo não tinha importância.

Fazia quase dois anos que percorríamos, a passos largos, ao lado dele, os caminhos da Galiléia, de Samaria e da Judéia, e a maioria de nós já vivera tanto e tantas coisas que sabia, na carne, que o tempo, efetivamente, não significa nada... ou muito pouco.

Quando estávamos reunidos assim, nossa meditação não era meditação no sentido que se entende com freqüência. Era a abertura de nossas portas ao que nos cercava. Uma simples oferenda, primaveril e até ingênua ao pedaço da natureza que nos recebia. Nenhum de nós parecia orgulhar-se disso. Compreendíamos muito bem a responsabilidade que isso implicava e adivinhávamos a amplitude da trama que começava a entreligar-se.

Para falar a verdade, a companhia que ali formávamos se mostrava, à primeira vista, assaz heterogênea. Havia nela, ao que se podia ver, alguns pescadores, três ou quatro mercadores que tinham abandonado suas lojas, saduceus afortunados, numerosas mulheres às quais os aldeões já atribuíam todos os males, alguns terapeutas procedentes, na maioria, da família de Essânia, artesãos, poucos letrados e alguns cidadãos romanos.

Chegou finalmente o momento em que vimos a grande silhueta alva do Mestre erguer-se no meio de nós e, em seguida, dirigir-se para o pé de uma velha árvore de folhagem tenra. Seu rosto trazia o ar grave, como se ele se preparasse para encarregar-nos de um peso que não estivéssemos esperando. No entanto, ele se pôs a sorrir, dirigindo a cada um de nós essa espécie de olhar que sugere uma bela e eterna cumplicidade.

— Meus amigos... — começou ele com voz firme, enquanto nos juntávamos em silêncio o mais perto possível dele. — Meus amigos, para quem acreditais que falo?

Sem esperar, uma voz um pouco febril espoucou da nossa assembléia.

— Ué... para todos nós, Rabi... somos os primeiros dos teus fiéis... temos fé em ti!

— E tu, Elias, tens fé em ti?

O homenzinho de cabelos ralos, que se mostrara tão vivo, ficou aturdido pela pergunta, ao mesmo tempo que olhares divertidos se voltaram para ele.

"Vou perguntar-te outra vez, Elias, tens fé em ti?"

— Tenho fé em ti, Mestre, e isso me parece suficiente. Estou aqui para reconhecer-te, para recolher tua palavra, e faço-o da minha melhor maneira.

— ... Mas, talvez não seja isso o que eu te peço, talvez não seja isso o que eu peço a cada um de vós antes de tudo o mais!

Os olhares um tanto escarninhos e os murmúrios cessaram imediatamente.

"Não, não vos enganeis... em primeiro lugar, é em vós mesmos que vos peço que tenhais fé. Não em vós como vós mesmos vos vedes aqui, por trás dos vossos rostos tensos, das vossas roupas de tecido grosso ou de tela fina... mas em vós além dos séculos... Em vós... no que tendes de mais verdadeiro e eterno. Não é ao que sois hoje que me dirijo."

Outra voz, mais ponderada que a primeira, fez-se ouvir então.

— Eu te compreendo, Rabi... Queres falar à nossa alma; mas não precisas também de homens e mulheres que te ajudem com suas mãos desde hoje?

— Simão... sabes porventura o que é hoje? Hoje se confunde com a eternidade e, em verdade, falo menos para os homens deste tempo do que para os homens de sempre. Semeio em vós uma semente, reavivo um sol, faço correr uma água, embora saiba que nunca colherei os frutos com estas mãos que estás vendo.

Mal foram pronunciadas estas palavras e uma onda de tristeza, quiçá até de amargura, circulou entre nós. Ela era quase palpável tão abaladas tinham sido as esperanças que todos formulávamos em segredo.

"Sim, meus amigos, precisais admiti-lo, o fruto da minha Palavra é para amanhã...

— Não compreendo mais nada, Mestre! — protestou incontinenti Simão, voltando a erguer-se com energia. — Tu nos falas do hoje, da força da eternidade que nele vive, depois rompes nossas esperanças sugerindo bruscamente um futuro distante.

"O Messias és tu, aqui e agora; não o negaste outro dia no beco perto do templo!"

A longa silhueta branca d'Aquele que carregava todas as nossas esperanças pôs-se a circular entre nós, colocando, aqui e ali, sua mão sobre uma cabeleira. Por fim, após longo silêncio, vimo-lo agachar-se diante de Simão.

— O mundo dos que despertam é sempre feito de oposições aparentes. Queremos sempre englobar tudo nele, muito depressa, com esse único olhar... Ouve, meu amigo... Quando se compreende o sentido da palavra eternidade, quer dizer, quando ela significa mais que uma simples idéia, começamos a estar no presente, já não nos pomos a observá-lo mas a sorvê-lo. E no frescor de cada gole que ingerimos, inteiros, naquilo que os homens denominam o "amanhã". A partir de então, nós nos sentimos, nós nos sabemos a seiva desse "amanhã", e essa seiva vem imediatamente alimentar a nossa floração.

"Nós nos transformamos em pontes... Eu sou uma ponte, sim, Simão, tu és igualmente outra e todos vós o sois sem o saber!"

— ...Mas qual é a margem que devemos atingir, ó Rabi?

— Há sempre outra margem para alcançar. Há as tuas próprias margens, as dos mundos, as do tempo. Tudo depende das dimensões que conferes ao coração. Quanto mais te sentires convertido em ponte, tanto mais o aceitarás também e tanto menos te preocuparás com tuas próprias margens...

"Eis aqui um segredo, Simão... Tenho fé em vós!"

— Tens fé em nós?

— Se não fosse assim, crês que meu Pai me teria dado este corpo e estes pés para percorrer os vossos caminhos? Sim, tenho fé em vós e por isso quero revelar a ponte em vós... a fim de que as vossas almas levem o sol de um tempo a outro, de um mundo a outro, de um coração a outro.

"E agora aqui está outro segredo..."

Pronunciando essas palavras, o Mestre retomou o seu tom grave e ergueu-se de novo no meio da assembléia. Seus olhares pareciam perder-se na bruma matinal dos montes, do outro lado do lago.

"Em duas vezes mil anos aparecerão um tempo, um mundo e uma margem onde minhas palavras ressoarão mais plenamente no vosso coração do que hoje..."

— Duas vezes mil anos...? — Cada um de nós olhou para o vizinho repetindo em voz baixa as palavras do Mestre. Para as almas simples que éramos nós, esses "duas vezes mil anos" desafiavam a imaginação. Já era uma espécie de infinito que ele nos pedira que tocássemos com a ponta da consciência, e isso nos perturbava muitíssimo.

Uma mulher de idade madura, que envergava ricos vestidos cor da noite tentou reaproximar-se do Mestre insinuando-se entre nós.

— O que dizes nos faz mal, Rabi. Quase tiras do nosso alcance toda esperança de mudar este mundo.

— Mas acreditas que eu queira, acima de tudo, modificar este mundo? É a ti que espero mudar, a ti e a todos vós. Só me interessa o que habita em vós... e minha tarefa consiste em pulverizar toda esperança que cresce fora d'Aquilo que habita em vós. Eu sou o Ajuntador, mas esse Ajuntador é também a espada da Vida. Aplicar-me-ei sempre em cortar os liames que vos entravam... e os que vos entravam, muitas vezes, vos agradam mais do que os outros. Aspirais em demasia a colher ao mesmo tempo que plantais, não pela glória única de colher, mas para poder afirmar que sois dos que plantaram...

"Eu te contemplava agora há pouco, Ester, a ti e a alguns outros, quando o sol ainda mal coloria o lago. Nos teus olhos e no porte da tua cabeça, eu lia o corte..."

— O corte?

— O corte entre tu e os lá de baixo... os de Tiberíades, de Cafarnaum e de toda a parte. Então, corto o próprio corte, irmãzinha. Vós sois daqueles de baixo. Todos os que chamo e chamarei continuarão sendo os de baixo. É a primeira dignidade deles, uma dignidade que se perderá se for esquecida. Ensino-vos uma humildade estranha à pequenez. Se não lhe compreenderdes o sentido, tornar-vos-ei realmente pequenos por vos haverdes imaginado grandes, afastados dos outros e já prontos a colher ao meu lado.

"Ao convidar-vos a juntar-vos a mim hoje cedo nestas alturas eu não quis alimentar em vós o sentimento de que sois meus companheiros eleitos. Aqueles que se julgam eleitos não têm outro fardo senão o orgulho. Quanto a mim, eu vos encarrego de coisa muito diferente. Eu vos confio a responsabilidade do vosso crescimento. É um peso cujo valor conheço e ao qual ninguém se furta mais cedo ou mais tarde. Hoje chegou a vossa hora de começar a descobri-lo. Hoje também deve despontar em cada um de nós o ser que enxerga longe em si mesmo e diante de si.

"Eu já vos disse... meu reino não é deste mundo... E acrescento mais uma vez; ele tampouco é deste tempo nesta terra... ainda que permaneçam aqui dois ou três de vós para afirmar sempre o contrário."

Simão-Pedro e Judas, ambos envoltos num grande manto de lã ordinária, reagiram imediatamente com uma aprovação ostensiva.

— Sim, meus amigos, até vós, há pouco, pensáveis ainda assim e agíeis com a única esperança de me verdes subir os degraus de algum trono.

"Antes que isso aconteça, eu vo-lo afirmo, será preciso que muitas coisas entrem em putrefação e que outras sejam usadas."

— Podes dizer-nos quais são, Rabi?

Era Levi quem tinha formulado essa pergunta. Ele estava sentado numa pedra grande, afastado do nosso grupo. Não se poderia confundi-lo com ninguém, com a ampla beca de cor ocre bordada de branco. Ele interrogava sempre o Mestre de modo abrupto e passando energicamente a mão pelos cabelos, o que provocava infalivelmente um sorriso divertido em nossas assembléias.

— Isso entra nos desígnios de meu Pai, Levi, mas para tanto é preciso que me acompanheis um pouco mais longe nestas colinas. Sua vontade não é simplesmente que compreendais, mas também que vejais e toqueis, a fim de que tudo fique gravado no fundo de vós para os séculos vindouros, e que a profundidade desse sulco vos dê a força de ser e de agir sempre segundo a Sua vontade.

Sem esperar mais, o Mestre fez, então, que nos levantássemos. E pusemo-nos a segui-lo por um atalhozinho que penetrava mais adiante pelos montes afora. Insinuando-se, a princípio, entre os espinheiros e as giestas, perdia-se o nosso caminho rapidamente sobre um platô coberto de flores amarelas. Ao pisá-lo, nossos pés receberam um orvalho que a lembrança particular dele persiste ainda hoje. Nossa marcha continuou assim por um bom tempo, fazendo-nos descobrir todos uma série de valezinhos povoados de ovelhas. Um gavião escoltou-nos por alguns instantes e, para fazer-nos apalpar a profundidade do silêncio, desferiu um grande grito para o azul.

Finalmente, chegamos a um desses escaninhos cujo segredo pertence às montanhas: uma espécie de ninho rochoso feito pela própria natureza em seus flancos. A relva ali era rara e um pouco rala; hastes agitadas, que estalavam debaixo dos nossos pés, embalsamavam o ar com seu perfume selvagem.

— Sentemo-nos aqui — disse simplesmente Aquele que seguíamos. E enquanto ele pronunciava essas palavras pareceu-nos que alguma coisa nele não estava totalmente presente conosco. Sua consciência, embora atenta ao nosso estado de ser, já se projetava para um horizonte afastado. Nenhum de nós se atreveu a interrogá-lo por isso, pois se tornava cada vez mais evidente que as alturas da nossa alma estavam sendo solicitadas.

Quando todos encontramos nosso lugar e ele mesmo se sentou diante de nós, instalou-se um silêncio profundo, infinitamente grave. Desde que este dominou cada um de nós e o nosso ninho de cascalheira o absorveu, nós nos sentimos irresistivelmente atraídos pelos olhos de pálpebras abaixadas do Mestre. Alguma coisa neles induzia no coração de todos uma espécie de estado alterado. Essa "alguma coisa" calava de repente nossas perguntas e nos inundava de uma paz de gosto desconhecido.

Pareceu-nos muito depressa que a montanha já não existia, e que nenhum de nós, aliás, em sua forma física, tinha realidade. Um véu de transparência cinzenta envolveu por fim nossos seres, provocando a estranha sensação de pertencermos a uma só família e, simultaneamente, de estarmos infinita e terrivelmente sós.

Da presença branca do Mestre saltou então uma palavra tão luminosa quanto um relâmpago:

— Vede...

O véu que nos envolvia deu a impressão de rasgar-se e dividir-se ao meio, como a superfície lisa de uma água no centro da qual uma imagem poderosa se preparava para surgir.

Nesse instante produziu-se o inacreditável. Cenas entraram a suceder-se umas às outras diante de nós em fulgurante profusão. De início, vimos exércitos, de longas colunas de homens, alguns em pesadas vestimentas de metal, alguns em farrapos. Alguns cavalgavam, outros estavam a pé e todos penavam. Atrás e aos lados deles havia comboios militares recobertos de tecidos grossos deslavados e algumas silhuetas femininas que se arrastavam a custo. Logo nos vimos em pleno combate no meio do estardalhar das espadas, do martelar dos tamancos, dos gritos e do sangue que escorria. Havia cruzes em toda parte, estranhas cruzes escarlates. Nas bandeiras, nos peitos, no menor dos farrapos... Elas eram arvoradas como um sinal de reunião contra o qual se erguiam outros homens de pele burilada e nos quais muitos de nós poderíamos reconhecer-nos. Não compreendíamos... Seria assim daqui a duas vezes mil anos? Nossos seres estavam, a um tempo, pasmados, espedaçados, anestesiados e maravilhosamente lúcidos diante daquilo... Não, nada se parecia com um sonho. Aquilo já se passava em algum lugar, naquele futuro que vivia em nós e cujos meandros a Vida exigia que explorássemos.

— Rabi, Rabi! — urraram alguns. Mas o Mestre mantinha silêncio, esperando que este realizasse a sua tarefa.

Outras imagens sucederam, então, às primeiras. Havia ali uma fogueira, imenso braseiro cujas chamas crepitavam e em cujo coração se adivinhavam silhuetas humanas. Estava o céu carregado de fumaça e isso ocorria debaixo de uma armela rochosa sobre a qual se erguia uma fortaleza. Havia ali máquinas de madeira, estranhas e monstruosas e paliçadas aceradas, muitos homens também de olhos mortiços e cujos cânticos tentavam cobrir o lamento das chamas.

Em seguida, vimos muitas outras cenas, às quais nossas almas não podiam dar nomes... E, sem cessar, voltava a cruz. Coberta de ouro e pedras preciosas, ela era brandida na ponta de um pau e, logo, novamente escarlate, se exibia nas velas das grandes embarcações; vimo-la até aplicada com ferro em brasa no ombro de um homem de pele escura.

Por fim, doce, pacificamente, a voz do Mestre juntou-se a nós dentro de nós, ao mesmo passo que as imagens continuavam a seguir-se umas às outras.

— É o que vos digo, meus amigos, esse itinerário é o que será percorrido pelos homens deste mundo em meu nome. Observai-o mas não vos percais nele. Vede como o ouro e o sangue nele se misturam estreitamente. É o gosto do poder que vai traçá-lo; é ele, aliás, que logo chumbará as primeiras lajes. Não julgueis, não censureis ninguém. Vós mesmos colocareis, às vezes, os passos em pegadas nas quais não me reconheço. É preciso que seja assim, pois o meu caminho é um caminho de liberdade. É o caminho em que exorto cada um em silêncio, até o coração de suas próprias aberrações... porque a Vida que meu Pai faz fluir no vosso peito não se aprende com o simples murmúrio de seu nome. Ela quer ser percorrida em todas as direções até o fim de todos os seus impasses e bebida até a borra. Assim desvelará o seu sentido, o seu valor, a sua verdadeira jóia.

"A liberdade é o primeiro presente de minha alma à vossa. É por meio dela que tudo se aprende e domestica. Se eu vos disser "amai" e não estiverdes suficientemente fartos do não-amor, que lugar real fareis para meu Pai em vosso peito? Só O recebereis pela metade.

"Contemplai as imagens para as quais se dirige a humanidade e que ela já alimenta em seu seio. Elas estão tecidas de desamor e, no entanto, falam dele a seu modo. Os homens se batem sempre por um sol; a única diferença reside no nome que se lhe dá e no lugar que se lhe reserva.

"Sim, alguns de vós sereis homens e mulheres assim, como os que vedes a combater. Alguns de vós matareis em meu nome e, mercê da liberdade dada à essa alma, acabareis conhecendo o sentido da escravidão. Eis por que minha Palavra é para amanhã, pois a liberdade que ela vos oferece é ainda demasiado ardente para ser plenamente recolhida no receptáculo dos vossos seres.

"Vede agora esses templos de pedra que se elevam no céu, essas douraduras e essas multidões que rezam. Os séculos futuros vão revelá-los, embora tudo já esteja lá..."

Durante muito tempo ainda as cenas se sucederam às cenas. Com a respiração cortada, a consciência ampliada, não podíamos fazer perguntas. No âmago da estranheza das imagens, dos olhares que se encontravam e do mosaico dos povos do futuro, alguma coisa impalpável nos parecia, porém, conhecida, como o fruto de uma evidência que nos habitava em profundidade.

Enormes e sombrias máquinas apareceram. Elas provocavam a sensação de ser construídas de metal e se mantinham imóveis em filas perfeitas. Homens trajados de escuro e de corpo rígido esperavam ao lado delas, com o capacete enterrado na cabeça. Na frente desses, um homem, que vestia uma túnica de púrpura e ouro, com os dedos cobertos de anéis e a cabeça encimada de uma touca volumosa, dava a impressão de abençoá-los. Ele nos fez pensar em algum dignitário enviado por César e que, não raro, pontificava ao pé dos ricos saduceus. A seguir, vimos o fogo que caía do céu... imagens incompreensíveis... a terra e as cidades ardiam... Por fim, pareceu-nos estar sobrevoando uma enorme construção recoberta por um domo no fim de uma praça imensa, flanqueada de colunatas e cheia de gente. Vestido de branco, um homenzinho estava num balcão e sua voz repercutia sobre distâncias infinitas.

Singular sensação de fervor e mal-estar nos invadiu, misto de piedade e dureza, luz e sombra...

Afinal, o véu cinzento se reconstituiu a partir do centro e nós acreditamos cair dentro de nós mesmos. Alguns desferimos um grito e tornamos a encontrar-nos defronte do Mestre. Ele tinha sempre os olhos fechados, mas sorria como se se divertisse, lendo as mil perguntas que já se atropelavam em nossos lábios. Nenhum de nós, entretanto, ousava pronunciar uma palavra. Durante alguns instantes, nossas almas tinham sobrevoado os séculos e os tinham transposto como se fossem pontes, acreditando haver provado o sentido da eternidade...

Foi Levi quem, finalmente, rompeu o silêncio. Ele se encostara no rochedo, não longe do Mestre.

— Estará realmente tudo isso... Escrito para todo o sempre, Rabi? Tua Palavra não pode mudar-lhe nada a partir de hoje?

— A trama de tudo isso já está tecida no coração da humanidade... Minha Palavra não somente não mudará nada como também será Ela a que vai gerar tudo isso. Há as palavras pronunciadas e as palavras recebidas, entendes Levi? Há a Luz oferecida aos homens, há as claridades que estes extraem dela e há também os claroescuros que eles mesmos acabam criando. Se digo "Amor" compreendes "posse", se digo "oferenda" entendes "empreitada".

"Os séculos que se aproximam serão a vossa escola, conquanto vós vos crereis professores. Pensareis escrevê-los, mas serão eles que vos escreverão. Eu vos digo, os homens desta terra continuarão a construir Babilônia. Para tanto, servir-se-ão da minha Palavra. Babilônia vos ensinará até o dia em que ela se esgotará por sua própria duplicidade, cansada de explorar e viver da mentira. Vós vos lembrareis então deste dia em que chamei a ponte em vós, ou seja, a hora de Falar verdade."

— Que é Babilônia, Rabi? — perguntou um de nós.

— Babilônia... Babilônia é, ao mesmo tempo, o amo e o escravo... o erro e o ensinamento desse erro. É a Separação e a lição formidável dessa Separação. Babilônia não é um lugar desta terra, meus amigos, mas um estado da vossa alma. Um estado de confusão em que o orgulho toma o lugar da altivez, em que o poder sufoca a potência e em que a tirania se enfeita com o manto da liberdade. Babilônia é o coração humano que não sabe escolher, que ainda não sofreu o bastante para reconhecer a própria essência e beleza. Babilônia, enfim, é tudo o que é alheio à eternidade, tudo o que procura apropriar-se da Luz Inapreensível congelando a Palavra de meu Pai...

"Aproximai-vos todos vós agora, pois quero colocar em vossos corações um fermento inesgotável."

Nós nos comprimimos ainda mais uns contra os outros a fim de colocar-nos o mais perto possível do Mestre e, logo, com um respeito infinito, pusemos a escutá-lo. O amigo que havia nele, mais do que nunca, se dirigia a nós coletiva e individualmente. O nosso ninho de cascalheira, nas alturas não longe de Tiberíades, permanece, sem dúvida, além dos séculos, impregnado sempre desses instantes de verdade.

Com um gesto lento das mãos, o Mestre lançou os cabelos compridos para trás e nos encarou uns depois dos outros.

— Eu vos afirmo, haverá muitos homens para negar a minha existência e o Poder do Pai através de mim... E estes serão amiúde justos segundo a lógica do seu coração... Mas haverá muitos outros para louvar-me e para construir, no entanto, a sua própria Igreja, pretendendo dedicar-ma. Estes agirão segundo a lógica de Babilônia. A Força que me anima não quer saber nem de Igreja, nem de trono que olhos humanos possam cobiçar, pois o que me habita já está plenamente em cada um. Meu coração palpita no vosso peito desde toda a eternidade... Ele não tem necessidade alguma de regras nem de aparato, compreendeis o que estou dizendo?

"Vejo uma imensa multidão de homens, como uma sucessão interminável de almas, avançar de época em época e imobilizar meu coração, congelar meu Sopro no coração de uma verdade. Vejo as portas do coração dessa multidão mais se fecharem do que se abrirem e acolherem. Vejo, enfim, suas mãos agarrar a tudo que passa mais do que apaziguar e curar. O medo de não dominar, o medo de perder..."

Com a cabeleira um tanto hirsuta, Simão-Pedro se ergueu sobre os joelhos, a testa atormentada por uma ruga enorme:

— Não se encontrará, então, ninguém além de homens para te renegar, Mestre?

— Mas quem está falando em renegar, Simão? Não, os tempos que virão não me renegarão. São os homens que se renegarão. Eles rejeitarão o que vive neles, mascarando-me de maneira estranha e cobrindo-me de vestes que não são minhas. Ainda não é o Pai, vê bem, que se procura ouvir e receber neste mundo, mas a imagem que se quer fazer dele para que esta justifique as ambições humanas.

"Eis que no decorrer dos séculos e por duas vezes mil anos se instalará um poder que será o do Amor invertido. Será o poder da grande Babilônia ressuscitada e que pretenderá denunciar Babilônia à sua volta. Será a mentira e a dominação erigidas à categoria de princípios. Vós sereis desse tempo, não duvideis, porque as almas que aceitam que eu as ensine não afundarão nunca totalmente na amnésia. Apesar dos seus devaneios e das suas hesitações, elas saberão sempre, com muita exatidão, onde se encontra o sol... o que talvez não seja tão simples quanto o que se clama nos templos."

Simão-Pedro fez de novo ressoar sua voz. Ela se ergueu áspera, possante e segundo a imagem de suas mãos, que não podiam deixar de sustentá-la a cada palavra pronunciada.

— Só o fato de cruzar o teu olhar, Rabi, é para mim uma lição de que muitas vezes não me sinto digno. Ainda que continuemos a ser os de baixo, por que nos escolheste para estar aqui ao teu lado?

—... Mas vós todos vos designastes! O chamado foi feito a cada um desde a aurora dos tempos; cada um de vós o recebeu... Infelizmente, porém, existe uma surdez que por vezes nos aflige. Esta nos dá a desculpa de nos sentirmos igualmente cegos e, logo, mudos. Em tais circunstâncias, nada de verdadeiro nos penetra ou escapa. Estamos abarrotados de nós mesmos, e isso nos sufoca, a nós, insensíveis ao fato de que cada instante de vida que se escoa através do nosso ser renova o chamado do Sem Nome.

"Todos vós sois chamados! Duvidarás disso, Simão? Tudo é lição, pois O que coloca as palavras nos meus lábios reside igualmente no coração de cada acontecimento... Teu erro hoje é lição. Fica sabendo que velo no seu centro e que onde me julgas ausente eu me encontro por certo mais vivo ainda...

"Sonda a tua alma; ela não tem necessidade de sacerdote nem de doutor da Lei para expressar seu ímpeto. Não te preocupes com suas tormentas nem com suas vagas... Estas são exatamente os sinais a indicar que meu Pai se ocupa de ti e quer ensinar-te a navegar. Tua alma, vossa alma, meus amigos, é um oceano que se abre para a eternidade. Cada ilha que abordais adota o rosto de um ser ou de um instante em cujas margens a Vida vos faz repousar, às vezes sofrer, sempre amadurecer.

"Cada ilha desenha o relevo das minhas palavras e lembra o coração da minha Palavra. Esta ressoa para amanhã, porque é mister que a humanidade vogue ainda e ainda. Hoje sopro simplesmente sobre as velas que alguns tentam tecer, sorrindo à vista dos recifes que já se perfilam no horizonte.

"Não é apenas a minha Palavra que os homens vão petrificar depois de vós, mas o poder que eles têm de percorrer a sua própria imensidão, sua força de descobrir a maravilha de amar..."

Um homenzinho que conhecíamos pelo nome de Joshe e que possuía vários barcos de pesca em Cafarnaum manifestou-se de repente. Ele era daqueles que se expressavam pouco, ao passo que o seu rosto refletia de modo acentuado, sucessivamente, a serenidade e o tormento.

— Dize-nos, Rabi... Que é que se deve pensar? Tu nos falas dessa Igreja que se fará nascer em teu nome e da mentira daqueles que nela buscarão glória e poder... mas tu nos ensinas também a necessidade de tudo isso. Se o erro é um dos nossos mestres, por que lhe chamamos erro?

— Chamamos-lhe erro porque ele nos faz avançar na direção de meu Pai segundo uma linha quebrada... Ele nos faz tomar uma trajetória tortuosa, toda dual e juncada de sofrimento. Eis aí por que a distinguimos da que é justa, precisa e direta como uma flecha que atinge diretamente o alvo.

"Agora, meus amigos, que respondei a esta pergunta que vos formulo? Que fazer para converter-vos na flecha que segue para o centro do alvo?"

Um vozerio subiu da nossa assembléia. Havia os que tinham uma idéia mas ousavam apenas murmurá-la; depois os que pensavam saber... talvez... e que tentavam fazer-se ouvir. Era o mundo inteiro que ali se achava reunido, cada um com sua própria história, o brilho do olhar tão diferente dos outros, sua impaciência ou sua confiança, sua força e sua fragilidade.

Tantas almas à espera do seu arqueiro a fim de sair da linha quebrada.

Foi Ester quem, mais uma vez, captou a atenção do Mestre. Sob o véu escuro, o rosto lhe exprimia agora uma alegria profunda que não escapava a ninguém.

— Caminhar nos teus passos, Rabi! — exclamou ela.

— Tu o crês realmente? Já observaste numa praia o que acontece se colocares os pés exatamente nas pegadas daquele que te precedeu?

Ester ficou desconcertada.

"Pois bem, irmãzinha... tuas pegadas deformam aquelas em que pretendias te enfiar. É uma lei natural, que dissimula outra muito maior... Se não consegues ser tu mesma, estragas o que a Vida imprime no mundo, o que ela faz circular nele. Que os passos que Ela te obriga a dar sejam, portanto, realmente teus e que, do mesmo modo, teu pensamento seja o teu, dominado, e experimentado. Compreendes o que quero dizer? Se repetes o que digo, palavra por palavra, ou seja, se não aprendes as tuas próprias palavras, O que me habita não poderá visitar-te plenamente. A Vida que meu Pai oferece ao mundo é uma só, mas ela reclama o perfume e a cor de cada um.

"Se quiseres que os teus traços e os meus se confundam, em verdade te digo, não pronunciarás realmente palavras de Amor. Tuas vozes serão simples reflexos do Amor pois só terás sabido reproduzir, não deixando a Vida operar sua obra através de ti. Terás, então, imobilizado e, logo, empobrecido minha marca debaixo da tua... E serás velada para ti mesma.

"Quando eu vos conclamo para recolher aquilo de que minha alma transborda, não é por certo para poderdes reproduzir minha maneira de ser. Existem formas de repetição que só ensinam o tatibitate. Que recolher o que eu sou seja vossa única fonte de inspiração, a essência do vosso crescimento e do vosso retorno à Luz... Eis aí o meu ensinamento. Que a minha Palavra continue sendo o vosso fermento, sem que nunca tenteis petrificá-la; tal é a vontade do Sem-Nome.

"Outro dia, Ester, diante daquela loja na entrada de Migdel, não paravas de repetir: "o Mestre disse..." Amo o teu amor e a tua confiança, mas que dizias tu? Não é o que a minha língua formula que eu teria gostado de ouvir sair da tua boca; mas, em primeiro lugar, o que o meu coração inspirava ao teu e o que ele poderia sugerir a todo o teu ser.

"Encontrai-vos, meus amigos! Só podereis conhecer-me se vós vos encontrardes... Deixai-me dizer-vos agora como podeis tornar-vos a flecha..."

Pronunciando essas palavras, o Mestre levantou-se, passou por dois ou três dentre nós e foi encostar-se no rochedo, afastando os braços um do outro como se quisesse fazer corpo com a montanha.

"... Vós vos tornais flecha quando começais a aceitar ver em vós a obra da linha quebrada. Desde que puderdes contemplar a profundidade do seu sulco, sua significação e seu valor chegarão a brilhar e a iluminar-vos. É a hora em que o erro passa a ser, ao mesmo tempo, mestre e ensinamento... porque a dor sabe, às vezes, gravar em nós uma linguagem que o mais sábio dos mestres só consegue imitar. Eu vos digo que reconhecer o erro, concordar em mergulhar nele, vivê-lo e abrir-se à transformação que ele impõe, já é revelar em si a flecha luminosa.

— Precisamos, portanto, continuar a arrepender-nos, Rabi? — murmurou alguém no meio da assembléia.

— Arrepender-nos? Diante de quem queres arrepender-te? Diante do Eterno? O Eterno não alimenta ressentimento. Ele É e deixa Seu sopro realizar a sua obra com toda a liberdade através de cada um. Arrepender-se é um assunto de si para si. Não é um ato de acusação que se deve fazer, mas um ato de fé que faz nascer... Fé na utilidade da linha quebrada, fé no sol que brilha em cada um e no centro de tudo; Fé, afinal, no Amor, que é o bálsamo eterno e que cada um recebe em seu tempo.

"E, depois, dizei-me... quem dentre vós e dentre a multidão dos homens revela sabedoria suficiente para exclamar com certeza — 'isto é erro e isto não o é'? Quem dentre vós se mantém no alto da montanha e pode observar todos os ziguezagues dos caminhos que lhe serpenteiam pelo flanco, e depois a linha do horizonte que estes atingirão afinal? Nenhum, meus amigos.

"O Eterno concebeu um itinerário e um desenho preciso para cada um. Acontece até que o que é a verdade de um entrava a marcha de outro."

— Mas como fazer então, Mestre? — perguntou Ester, atirando o véu para os ombros.

— Pergunte-me antes como ser. Com efeito, procura ser assim como és em verdade no fundo do teu coração, Ester. Quero dizer... Coloca-te além dos reflexos que te inculcaram, além dos princípios e engrenagens do mundo que te alimentaram o corpo... pois esse mundo muitas vezes alimenta a máscara e freia a alma em sua corrida. Procura atrás dos ouropéis dos sacerdotes e de todos aqueles que constroem e destroem à sua vontade as morais e os regulamentos humanos. Afasta-te, desvencilha-te do fascínio que eles exercem sobre este universo. Lembra-te do seguinte: enquanto não Me tiveres revelado em ti estarás dominada, dominada pelos dogmas, irmãzinha... E os dogmas são inumeráveis, tão sutis que acontece amiúde que já não se vêem.

"Expulsa o julgamento da tua alma fascinada pelos que fabricam e detêm todos os poderes. Assim, digo-te, deixarás para o Amor e para a Sabedoria o lugar que lhes pertence em ti. A força de dualidade que cimenta este mundo espera sem descanso que julgues, pois o julgamento é o fascínio da separação. Se eu te digo "não julgarás", não será por certo porque meu Pai vê nele um mal segundo os princípios de alguma moral, senão porque o julgamento reprime a abertura do teu coração, e é somente essa abertura que guia a minha vontade.

"Sabei-o todos vós, meus amigos: há a Lei, aquela que não tem rosto e não tem nome, e *as* leis que adormentam. Aquelas atrás das quais meu nome será aprisionado não imporão seus ferros à vossa alma quando duas vezes mil anos tiverem passado... pois então o que há de mais verdadeiro e maior em vós será solicitado. Quando se apresentar essa hora, Minha Essência reviverá em vós."

Um silêncio manso pairou sobre a nossa assembléia e alguns olhares se trocaram. Eles contavam tantas e tantas coisas que os séculos que passam sem dúvida jamais apagarão... O Mestre fez, afinal, um gesto, esboçou um largo sorriso e nós compreendemos que ele desejava que partíssemos. Levantamo-nos, portanto, regulando o passo pela sua grande silhueta branca.

Ao mesmo tempo que cruzávamos de novo os campos pedregosos entre cabras e cardos, o sol da manhã já nos aquecia bem o corpo. Entre duas colinas em que se viam loureiros disseminados, apareceu por um instante a superfície perolada de uma extremidade do lago, lisa e polida como um espelho. No momento em que tornamos a encontrar o caminho que descia rumo às margens das ribeiras e aos povoados, o Mestre se deteve e voltou-se na nossa direção.

— Amanhã — disse ele com voz possante — amanhã irei a Migdel. Haverá entre vós alguém que esteja disposto a acompanhar-me?

Capítulo Dois

Diante da Porta

Hoje, as duas vezes mil anos se escoaram... não obstante, as palavras que deslizam debaixo da minha pena ainda conservam o perfume das palavras de ontem. Ontem, agora, amanhã, tudo se acaba confundindo... O tempo é um alquimista obstinado que, século após século, jamais acaba de trabalhar as almas em seu cadinho.

As duas vezes mil anos se escoaram e uma voz veio ter comigo no fundo da noite. É exatamente a presença dela que vejo no centro de um espaço da luz infinita. Uma presença tão poderosa e firme quanto doce. Fora impossível esboçar-lhe os contornos ou sugerir-lhe a cor por meio de um nome. Aliás, que importância tem isso? Talvez seja simplesmente a presença do Mestre no interior de cada um. Não preciso identificá-la; deixo antes passar o seu sopro através do meu ser. Isso é tudo o que ela espera, pois é assim que quer trabalhar.

— Eis-te diante da porta... É uma porta que se parece com um espelho, não achas? Eis aqui a humanidade diante de si mesma... Olhai bem para vós, todos vós, homens e mulheres, olhai bem para ela. Ela curva as costas ou estufa o peito? Em verdade, as duas coisas ao mesmo tempo... estranhamente. E esses estômagos proeminentes, esses dedos que gostariam de agarrar, que escondem eles? Narram a mesma história contada por todas as rugas que sulcam os rostos? Vejo tantos trajos cansados e que, apesar disso, ainda se querem arrogantes... Concordai em que eles já não podem ser remendados e não são mais do que sombras de hábitos que já não se usam mais. As ilusões definham. Que há ainda em vós que podemos agarrar apesar de todos os pesares? Interrogai-vos como eu vos interrogo e como vos censuro, com o risco de vos maltratar. Se a vossa alma tiver necessidade de uma bastonada, eu lha vibrarei... a menos que ela mesma se encarregue de fazê-lo. Já não há tempo para tergiversar, pois existe um depósito no coração da humanidade que, hoje, deve exprimir-se com vigor. Vede bem, soou a hora da terapia, o momento em que os bálsamos devem ser aplicados e os abscessos devem ser cortados.

"É o Essênio que dormita em cada um que eu quero pôr em ação... Quero dizer com isso o princípio essênio, o princípio solar que todo homem recebe ao nascer e de cujas peregrinações passadas ele herda. Estejais certos de que os velhos ferimentos de ontem são as marcas que devem e podem precisamente construir as forças de hoje. Vosso poder de coesão, de reconciliação e de reunião está ao alcance das vossas mãos, se vós o quiserdes.

"Sei que conheceis tudo isso. Vós o lestes, ouvistes e repetistes mil vezes e, apesar de tudo, isso não apaga com borracha os vossos medos, receios, incertezas, impaciências, sofrimentos e desejos. Sei que não podemos ser e participar conscientemente da mutação necessária deste mundo só pela vontade de 'ser'. Que significa, aliás, essa palavrinha — 'ser'? Ser a própria pessoa, estar a serviço, ser perfeito? E se não se tratasse, afinal de contas, senão do fruto de um delírio de utopista e místico sem raízes?... pois ela se situa no coração desse vocabulário cuja significação exata poucos homens chegaram a conhecer. Sem embargo disso, vós a sentis, ela ressoa interiormente como um cântico cujos acentos já conheceis. É o Essênio em vós que se lembra disso, vede bem, dessa parte da vossa consciência profunda que ajuntou mil informações, mil experiências e percorre o mosaico das verdades que formam, pouco a pouco, a Verdade em expansão.

"Torna-se Essênio todo homem e toda mulher que toma consciência do seu poder de ação sobre o despertar de Cristo em si e em torno de si. Não me refiro a um estado de perfeição propenso a alimentar o ego, mas a um estado em que começamos a tornar-nos plenamente lúcidos quanto à nossa própria perfectibilidade.

"Tornar-se o artesão de si mesmo e deste mundo, é assim que se poderia definir a bela aventura para a qual seres encarnados são hoje convidados. Dir-me-ão que são sempre as mesmas palavras que voltam e que elas não adiantam porque semelham uma vez mais uma espécie de promessa que vai 'daquele que conhece' para 'aquele que não conhece'.

"Assim sendo, não é tanto na densidade das minhas palavras que deveis atardar-vos, quanto na significação dos acontecimentos que viveis. Vossa vida é o livro que vos concerne prioritariamente. Vossa tarefa consiste em aprender, ao mesmo tempo, a escrevê-lo e a decifrá-lo... o que foi tão pouco feito, tão pouco dominado até o presente momento.

"A humanidade em sua quase totalidade absorveu-se de tal maneira na tarefa de reprodução do que foi pensado por alguns que se esqueceu de crescer de outro modo que nas relações de força. Não digo que isso seja hoje diferente, visto que a extensão da hipnose que a sufoca é sempre extraordinariamente tangível, mas existe um fermento de reação doravante ao alcance de um número cada vez maior. É esse fermento de reação que pretendo estimular, ainda que eu tenha de cortar na carne viva a fim de que a gangrena que já comeu tantas almas e tantos corpos seja detida de forma decisiva.

"Eu sei... Ouço-vos dizer: 'A Vida... minha vida... Tomo freqüentemente choque sobre choque... não me atrevo a dizer lição sobre lição, pois como ter a certeza de compreender o que Ela espera de mim, o que Ela me ensina? Tenho antes a sensação de estar passando novas camadas de pintura sobre as arranhaduras do passado... ao mesmo tempo que não me confesso francamente que isso nunca passa de pintura... Acabo então rejeitando tudo, enrijecendo-me atrás dos meus baluartes ou agarrando-me cegamente Àquele que veio, Àquele que deve vir... e, finalmente, ao que me dizem que Ele é... É assim que procuro nos estudos e nos seminários, nas Escolas e Associações, nas revistas e livros... Antigamente eu não sabia; hoje parece que sei, mas não conheço; sou uma fotocopiadora de belas idéias e, como não conheço, não sou... o que quer dizer que sofro e continuo a proteger-me de tudo e de todos.'

"E acrescentais por dentro de vós mesmos: 'Se ao menos Ele estivesse aqui, muito claramente, a estrada seria desimpedida e todos os olhares estariam desembaraçados de suas escórias!'

"Digo que um dos aspectos do problema nasce de uma confusão. Vós jamais conseguistes estabelecer a diferença entre O que é e os que encarnaram ou estão encarnando O que é. Não soubestes ainda estabelecer distinção possível e justa entre a Essência e os múltiplos aspectos dessa Essência.

"Desse modo, em verdade, tal qual veio visitar-vos há dois milênios, o Mestre Jesus era um aspecto, uma vestimenta escolhida pela Essência para relembrar-vos sua própria existência e sua ação possível em vós. Aquele que É, é um princípio que nenhuma palavra humana conseguiria definir, um Campo de Energia hiperconsciente e todo-amorosa capaz de assumir um corpo e se oferecer no meio da dualidade. É o filho, é Vishnu, é essa força que periodicamente decidiu habitar nesta terra o corpo de alguns Mestres da sabedoria... Ela tomou emprestados, entre outros, os traços de Rama, de Krishna, de Jesus, e começou a deixar-se adivinhar ainda hoje.

"Sabei que cada um desses Mestres constitui um chamado e não uma estrela fixa cuja finalidade seria a de imobilizar-vos em torno de uma série de decretos de aparência por vezes contraditória. Sabei também que enquanto vos deixardes paralisar pelo que alguns fizeram desses chamados, continuareis a frear em vós Aquele que vivia neles.

"Se o Amor decidiu encarnar-se assim, regularmente século após século, não acrediteis que ele o faça através de seres imobilizados, já 'estatificados' numa espécie de perfeição. Tudo, em cada um de nós, permanece eternamente em marcha. A própria idéia da perfeição é imperfeita, pois ela mumifica a Força num universo que é apenas reflexo. O Mestre Jesus, que soube acolher o Cristo em si mesmo, foi a ilustração total da marcha possível de cada um para a recepção d'Aquilo que vem, os que lhe cruzaram o olhar e o conservam no coração sabem até que ponto ele era a não-fixadez, a saber, em que nível havia experimentado a dor do crescimento e do autoparto.

Sim, uma linguagem assim pode surpreender... uma linhagem tão longa de teólogos fez dele tamanho bloco de pedra desde a eternidade! O menino Jesus, que carregava o Cristo, sem nenhum aperfeiçoamento concebível desde o berço... eis aí a única imagem que gerações de padres souberam perpetuar... sufocando assim, muito sutilmente, toda e qualquer esperança de atingir um estado crístico.

'O Cristo *é*, ao passo que vós nunca podereis ser senão salvos... se a graça operar em vós a sua obra por algum mistério e pela sujeição a um dogma.' É o que vos declaram em substância.

"Censurar-me-ão a caricatura, meus amigos, mas haverá realmente uma caricatura nessas palavras? Não vejais aí alguma acidez, apenas um olhar penetrante, que os tempos reclamam.

"Assim, portanto, eu o reafirmo, o Mestre Jesus foi o receptáculo, o veículo, o instrumento sagrado dessa Presença, dessa Omniconsciência a que chamamos Cristo e que é também a vossa herança futura. Os trinta primeiros anos de sua vida foram outros tantos anos de caminhada e aprendizado do domínio total do que pode florescer num ser encarnado. O sofrimento e o peso humano que eles subentendem só lhe acrescentam grandeza e o tornam mais próximo de cada um de vós. Foi, de fato o seu lado maravilhosamente humano que fez dele o Cristo histórico, exatamente como Sidarta Gautama se transformou, analogicamente, no Buda histórico.

"Sua vida tal qual foi, e não tal qual continua classicamente contada, constitui ela mesma uma espécie de parábola, o símbolo rematado do caminho de cada um dentre vós para sua própria realização. Todos os estágios de elaboração da Grande Obra alquímica aí estão reunidos. Desde o seu nascimento em companhia de animais num *bethsaid* semi-enterrado debaixo da terra até sua crucificação e seu controle da morte, passando por múltiplas tentações, tudo nos diz respeito.

"Nada em sua existência verdadeira alude a uma perfeição descida de modo monolítico de não se sabe que esfera celeste. Tudo pelo contrário, se tivermos a força de nos destacar da morsa do 'canonicamente correto', narra pormenorizadamente a ascensão a que todo homem e toda mulher podem pretender.

"Eu talvez vos escandalize se chegar a ponto de afirmar-vos que na sua estada nos Himalaias, o Mestre Jesus, que ainda não era habitado pelo Cristo, recebeu seus ensinamentos da parte de um... Iogue, um Mestre de Xangri-lá, já conhecido pelo nome de Babaji!*

"Sim, eu já vos havia dito, isto escandaliza, isto pode dar-vos o desejo de repelir este livro no qual estão consignadas minhas palavras. Por ora, se continuardes a seguir-me, se persistirem a confiança e a vontade, não de acreditar em mim, mas de aprender a conhecer o que vos habita, deixai-me dizer-vos que cada um deve a cada um. A relação recíproca entre os seres, as 'coisas' e os acontecimentos é uma lei absoluta. Ninguém, por maior que seja, se fabrica sozinho. O que denominamos a Vida no que essa Força tem de mais sagrado, mais divino, mais eterno, continua a fabricar-se e a crescer em vós através de vós. Vós sois Ela e Ela é vós, ainda que a tenhais esquecido completamente e já não sejais capazes senão de balbuciá-la. A mensagem dos que vieram e d'Aquele que vem não cessa de repetir de mil modos diferentes essa verdade última.

"Da mesma forma, nenhuma fé, nenhuma religião podem pretender construir-se por si sós. Raras são, evidentemente, as que têm a humildade e, portanto, a grandeza de reconhecê-lo. Os representantes das religiões a que darei o nome de 'auto-satisfatórias', 'satisfeitas consigo mesmas', encontram muito maior interesse em manter uma forma de totalitarismo do que em abrir os campos de consciência dos seus fiéis. Trata-se aí de uma atitude de conseqüências no processo e de maturação das almas. Ainda que a

* Ver *Wesak, A Hora da Reconciliação*, de A. e D. Meurois-Givaudan, Ed. Pensamento.

noção de erro no primeiro sentido do termo seja um contrasenso, como eu já vos disse, frear deliberadamente uma evolução é um ato grave.

"Nisso, e sem alimentar uma polêmica estéril, essa forma redutiva do ensinamento do vosso irmão o Cristo que se denomina Catolicismo, é em boa parte responsável pelo estado atual do vosso mundo... porque o pensamento ocidental que a moldou no correr dos séculos lhe ditou arbitrariamente a sua lei e gerou, assim, desequilíbrios e reações inevitáveis. Um número crescente de sacerdotes dessa religião que já não se encerram atrás do endurecimento do dogma ingressam hoje numa fase de maior lucidez. Pouquíssimos, infelizmente, têm a força de colocar a si mesmos em questão, porque eles, na maior parte do tempo, 'nadaram com uma bóia', isto é, absorveram um pensamento pré-digerido. Não os rejeiteis, amigos, não mais a uns do que aos outros. Por simples amor e, portanto, sem impor condições... e também porque há qualquer coisa deles que vive em vós, que vive necessariamente em vós e que podeis forçosamente compreender.

"Quem dentre vós, com efeito, eu vos pergunto, tem a coragem da integridade total, sem medo, sem intransigência nem sectarismo? Quero dizer, qual de vós é transparência e compaixão totais? Qual de vós encarna a energia de recolocar-se em questão a ponto de virar radicalmente uma página de sua vida?

"A engrenagem da qual cada um participa neste mundo exige mais do que coragem para alguém desvencilhar-se dela. Faz-se mister um amor que não mede nada, isto é, que concebe a Vida para além da trajetória de uma vida.

"Agora, ouvi o que vou dizer, vós que dizeis querer participar da mutação. É realmente hoje que se inicia a hora de pô-la em prática, a hora em que deveis aceitar misturar-vos ao Princípio da evolução e da revolução, semeado há dois milênios.

"Nada disto se refere exclusivamente ao mundo 'cristão', o que se concebe facilmente, pois o Princípio crístico é a herança de todos e de todas as formas de vida desde o começo dos Tempos. A chama crística pode ser percebida como a essência inalienável que tudo alimenta por trás de uma infinidade de nomes e aparências.

Ela nunca será a propriedade de quem quer seja. O iniciado, eterno essênio, é o que empreende vivê-la sem ter a necessidade de estabelecer um saber.

"O eterno Essênio não precisa ter vivido nos tempos evangélicos. O iniciado do coração não tem necessidade alguma de se afirmar um antigo atlante e outrora próximo do irmão Aquenaton. Basta a nobreza do terreno, isto é, a da alma e do corpo que se conjugam no presente, para revelar o que É.

"A iniciação: que grande palavra meus amigos! Enquanto em toda a parte as pessoas sufocam, quantas se deleitam ainda com ela!

"Vós continuais sonhando com cerimônias secretas em templos, em criptas e, evidentemente, numa pirâmide, como a criança que sonha com uma fada e sua varinha mágica! Algumas dessas práticas, sem dúvida, ocorreram e talvez ainda conserveis delas a vaga lembrança nostálgica em vosso íntimo. Elas se justificavam num tempo em que o corpo mental do conjunto dos homens era mais entorpecido do que hoje e só se podia cultivar com infinitas precauções. Se os homens tivessem a capacidade de revivê-las, surpreender-se-iam, com raras exceções, com o fato de que o que comunicávamos a uma minoria está atualmente à disposição de quantos o procuram sinceramente. Conquanto não seja total, a abertura hoje é considerável e basta para levar a efeito a sua tarefa libertadora.

"Eis aí o que se pode dizer a respeito da soma de informações contidas nos que chamamos, sempre com inveja, de Mistérios. Quanto ao aspecto vivido da Iniciação, vós vos contradizeis sobre o seu rosto mágico sem vos dardes conta de que este não alimenta necessariamente o que há de mais nobre no homem.

"O gosto do poder é uma magia por si só e a magia, até pura em sua motivação, sugere fácil e sutilmente, por correspondência, o gosto desse poder. Eis aí por que o que continuo a chamar de Vida, a fim de não colar um rosto humano Àquilo que o não tem, trabalhe diferentemente hoje o fundo da vossa alma. A energia do poder já se imprimiu tanto sobre as vossas diferentes máscaras no correr dos tempos que já não convém alimentá-las desse jeito. É preciso descobrir o caminho que conduz da dominação à maestria...

o que quer dizer, de fato, do orgulho à nobreza... ou, em outros termos, da servidão ao Serviço.

Com efeito, não duvideis de que exista uma servidão possível e freqüente na experimentação que tende a fazer de cada um um iniciado, no sentido em que o vosso mundo o entende geralmente. Para ter acesso ao 'não-material' é preciso que nos tenhamos desembaraçado de certos ferros, não em superfície, mas em profundidade.

"A Iniciação conferida por Aquele que vem começa sempre por fazer de vós servidores, pois ela trabalha na base do vosso ser. Faz apodrecer o que está chamado à putrefação. É silenciosa mas radical. Nunca se encerra num sulco que contorna o olho do alvo. Eis a razão pela qual não há nada que justifique os quintos, sétimos, décimos graus ou qualquer grau que seja.

"As referências humanas, ainda que possam revelar-se úteis e respeitáveis, nunca deixam de ser humanas, o que quer dizer subjetivas. O coração dispensa diplomas para compreender que é coração. Não recorre a práticas mágicas, pois é a magia suprema. Acreditais por um instante que, ao transformar a água em vinho ou a pedra em cinzas, o Mestre Jesus apelou a um conhecimento mágico? De maneira alguma. Bastava-lhe pedir. A quem? A ele mesmo, à Vida, ao que cada um de vós não consegue ainda deixar crescer dentro de si. Foi essa integração da Força que fez dele o que ele foi e continua sendo. Não vejais aí um fenômeno de identificação; a coisa vai bem mais longe. A isso se dá o nome de fusão, e é também o ponto do encontro total entre a vertical e a horizontal. O sentido primeiro da cruz.

"Dois mil anos de apalpadelas e de múltiplas queimaduras tornam tais palavras mais audíveis hoje do que ontem. O desfloramento transforma-se em carícia. A vós compete fazer de modo que a carícia atraia, de agora em diante, a fusão.

"Como, meus amigos? Eu vo-lo direi: venerando o cotidiano e as mil maneiras de respirar que ele nos propõe discretamente. O meio essênio, que alimentou o vosso irmão Jesus durante anos, o compreendera muito bem, pois votava às pequenas coisas da vida um respeito igual ao que dedicava ao culto.

"O que é grande?", interrogavam os membros da Fraternidade toda vestida de linho. 'A oliveira ou o caroço da azeitona?' 'A oliveira', respondiam ingenuamente alguns. 'O caroço', diziam os outros, acreditando adivinhar alguma cilada. 'Nem um nem outro', declaravam os companheiros de túnica branca. 'Só o Amor que faz plantar a semente merece o título de grande, pois nele já existe a terra, a água, o vento e o sol, a árvore inteira com seus frutos e o óleo... Tudo isso em promessa, em abundância... porque é na luz do olhar, na doçura da mão e n'Aquilo que se dissimula por trás de tudo isso que está o fermento do Universo. Em verdade, somente isso é grande.'

"Se o fato de descascar um legume continua sendo para vós um ato vil e sem interesse, se o fato de dar uma ordem vos proporciona ainda certo bem-estar, formulai a vós mesmos a questão de saber se 'O que vem' tem para vós outro sentido que não o intelectual. Perguntai-vos sem trapacear, se a vossa 'busca' não é pura e simplesmente uma expectativa.

"Por minha vez, eu vos digo: já não podeis esperar. A Palavra de ontem deve explodir em atos hoje.

"Cada um de vós é canal', quer o queira quer não. Esse fato resulta simplesmente da constituição natural do homem, que significa que recebeis e que emitis a cada instante da vossa vida. No ato de receber tendes sempre a escolha entre duas fontes: a fonte de liberação e a de aprisionamento. Em verdade, a fonte de liberação domina sempre através de vós, pois ela é a própria Vida que circula em vossas células como no conjunto do Cosmo. Quanto à fonte de aprisionamento, ela é uma parte do que absorveis desse Cosmo e do que o habita, mas que passais pelo filtro da vossa personalidade.

"Vede que o Dois nasce do coração absoluto do Um. Acontece o mesmo no ato da emissão. Vossa personalidade encarnada pode retransmitir a Vida do Todo sem lhe opor nenhum obstáculo, simplesmente cobrindo-a; ou, pelo contrário, pode traduzi-la, deformá-la, traí-la... É o que geralmente sucede, porque não admitis a vossa realidade enquanto canal. Obturais o leito do rio da Vida, estabelecendo constantemente em todos os atos da vossa existência uma relação de forças. Não podeis deixar de conceber que existem 'vós e os outros' e 'vós e os fatos'. Os outros são constantemente aqueles a quem é preciso 'vender alguma coisa', ou seja, provar alguma coisa; quanto aos fatos, fazeis deles invariavelmente uma barreira, a saber, muros que se faz mister, quase sempre, derrubar.

"Enquanto a noção de relação de forças palpitar em vós como a essência de uma espécie de ato de fé, digo-vos que não bebereis a Iniciação no escrínio do cotidiano.

"Sim, digo bem, no escrínio do cotidiano... pois, no correr dos dias, o peso do 'pequeno' que vós viveis se converte numa jóia perfeita.

"A Inteligência, que habita toda manifestação de Vida, isto é, *tudo* o que encontrais, fala ao vosso ser a linguagem que este tem necessidade de compreender.

"Talvez pergunteis a vós mesmos por que passais os dias atrás de um computador ou de uma caixa registradora. Talvez nem sempre tenhais compreendido o interesse que pode haver em trabalhar num restaurante, juntar peças metálicas, falar a crianças que não vos escutam ou dirigir um setor administrativo... Diante de cada tarefa ou cada função, o ganho de cada um é diferente.

"Perguntai-vos honestamente: de que precisa a minha alma? De aprender a precisão, o sentido da organização, o sentido das responsabilidades...? A menos que não seja a humildade, a paciência, a coragem, a perseverança? Se não o sabeis... ou se não quiserdes sabê-lo, deixai-me dizer-vos que a Vida — o Divino que reside n'Ela — o sabe por vós e agencia *tudo* a fim de que a lição seja aprendida. É a sua maneira maior de dispensar a Iniciação, sem ruído e amaciando as camadas inferiores do vosso ser. Vejo bem que essa Iniciação pouco vos satisfaz. Com efeito, ela não lisonjeia a menor parcela do ego de cada um. Eis aí precisamente a razão da sua eficácia, uma eficácia que se decuplica quando nos tornamos conscientes da sua 'mecânica' sutil.

"Todo sofrimento provém da rebelião sistemática contra esse rosto da Iniciação que se recusa a engordar o ego. Podeis comparar essa rebelião a um enrijecimento ou a uma retração que fecha o canal no homem e o faz chocar-se contra as coisas e os seres.

Assim como a Força de Vida não pode então insinuar-se facilmente em vós, não conseguireis insinuar-vos entre os acontecimentos que ela coloca no vosso caminho. Vós os atropelais e eles vos atropelam.

"O Divino não vos ensina a aceitar tudo. Entretanto, Ele vos inicia no não-enrijecimento. Descontrair o punho não significa dar passivamente o rosto, mas endireitar a espinha e sorrir para aquilo que se perfila atrás das máscaras.

"Lembrai-vos das primeiras horas em que vos ensinaram a dirigir um automóvel. Operáveis freqüentemente 'com força' o acelerador, dificultando assim o seu manejo... até o minuto em que compreendestes que bastava acompanhá-lo em seu curso natural. Pois bem, é assim, amigos, que vos pedem que vos desloqueis no cotidiano a fim de receber dele, da melhor maneira possível, a sua iniciação. Tudo se torna aprendizagem a partir do momento em que lhe medimos os prolongamentos.

"Sabeis o que é o Princípio do papagaio? É exatamente o inverso disso, vale dizer, o princípio da não-aprendizagem, da não-experimentação. Ele consiste na alienação individual em proveito do vivido por outro ou por alguns outros, no adormecimento da consciência em face de um querer e de um saber exteriores. O Princípio do papagaio conduz a um estado hipnóide no qual, apesar de conservarmos a sensação de pensar e agir livremente, reproduzimos mecanicamente a palavra, o modo de ver e de ser de um modelo. A maioria dos modelos que têm curso neste mundo, no entanto, só são modelos porque se decretaram tais. Eles se autoconsagraram, afirmando alto e bom som o seu monopólio. Assim, pois, vereis que no Ocidente o monopólio da espiritualidade é reivindicada por esta Igreja, no Oriente Médio por aquela outra, ao passo que o privilégio da justiça e da liberdade torna-se *a fortiori* o apanágio de tal tipo de sociedade...

"'Se eu tenho razão, isso não quer dizer necessariamente que estás errado.' Meditai nessas palavras e tentai assimilar a iniciação que elas também conferem... pois elas conduzem muito mais longe do que aquilo que vós chamais de tolerância.

"O Cristo, o Mestre Jesus e os Irmãos essênios tinham razão...

mas eles não tinham razão e continuam não tendo razão em vosso benefício. Quero dizer que todo o ensinamento deles, bem como a vida deles, jamais pretenderam assumir o lugar do vosso modo de pensar e ser. A força que se desprende perpetuamente desse ensinamento e dessa vida não tem nada de infantilizante. Ela estimula, pelo contrário, em cada um, o 'estudioso da Vida'. Dirige-se ao que há de mais responsável e construtivo em vós. Isto já vos foi dito: o Cristo não precisa ser reconhecido e adorado para ser o Cristo. Chamai-lhe Vishnu se preferis, ou voltai-vos para Avalokiteshwara ou para Quetzalcoatl se o rosto deles vos corresponde melhor. Qual é a diferença a partir do instante em que o Seu princípio, que obra em tudo, opera a vossa transmutação? O ritmo desta última, sua cor, seu perfume, tudo isso se perpetua como o fruto da vossa liberdade. É o que fará de vós seres autênticos e o que faz o valor da aventura humana... pois se fordes chamados pelo Alto crescereis igualmente pela graça do Baixo.

"Recitai e continuareis a fazer estagnar-se em vós o velho cruzado de armadura oxidada. Experimentai, provai, aceitai pensar e ser... e a Fonte jorrará em vós e vós A reconhecereis.

"O ensinamento sem idade dos Irmãos do Sol ocupa pouquíssimo espaço na sua essência, vede bem. Como saber se estais próximos do Coração solar? Deixando o menor espaço possível em vossa vida a tudo o que exala um bafio de retenção, a tudo o que maltrata, guia, enfreia, corta e julga... a tudo o que funciona de acordo com um catecismo.

"... E sobretudo não vos enganeis: os catecismos não existem somente nas religiões. Existem na política, em economia, em filosofia, assim como nas ciências. Os caminhos da ortodoxia em matéria de pensar e agir sempre tiveram o efeito de um rolo-compressor sobre a consciência das gerações que se sucederam. Sabei que o Uno gera e abençoa a diversidade. Quanto ao Dois, este tende sempre a se colocar atrás da aparência de unidade que se chama 'nivelamento'.

"A unificação das consciências é um ideal que se desenvolve necessariamente numa direção anticrística, ainda que esta última se veja englobada no grande Plano da Evolução.

"Todas as formas de proselitismo se inscrevem seguramente nessa vontade de nivelamento. Querer 'fazer bem' não é obrigatoriamente sinônimo de 'fazer o bem'...... sobretudo quando esse 'fazer bem', se resume, como acontece com muita freqüência, em impor e apor os rótulos de 'bons cristãos' ou de 'bons muçulmanos', por exemplo.

"Eu vo-lo afirmo, o Mestre Jesus não se comportava como 'bom cristão' segundo a cúpula atual, como tampouco o Mestre Maomé não era um 'bom muçulmano' no sentido em que alguns querem entendê-lo hoje em dia.

"Os Irmãos essênios se mostravam, naquilo que inspiravam, em realidade muito mais revolucionários do que o poderiam ser os zelotes combatentes. O caminho violento destes últimos não fazia outra coisa senão reproduzir, mais uma vez, o esquema eterno das 'relações de força', em obediência ao qual a humanidade terrestre funciona há tanto tempo.

"Quanto à via silenciosa do Serviço, que era o princípio de base sobre o qual funcionava o conjunto da comunidade essênia, ela fazia obrigatoriamente desta última um microcosmo fora das normas, que dispensava uma iniciação profunda.

"Não se mede o impacto de um pensamento ou de um ser pelos clarões pontuais deixados sobre o mundo. Só a penetração do seu sulco nas consciências faz dele um elemento real de metamorfose. A discrição é inseparável da germinação. Não vejais nisso uma espécie de discurso moralizador que visa fazer de todas e de todos 'humildes' eternos em face do jugo de uma sociedade que se ri de semelhantes considerações. A humildade e a discrição de que acabo de falar a vós, enquanto motores fundamentais da Iniciação crística, não conduzem nunca, mas nunca mesmo, à humilhação.

"O princípio do cordeiro é totalmente estranho à elevação solar constantemente oferecida pela vida cotidiana. Por que estranho? Porque a compreensão dessa vida cotidiana vos faz sair do lote dos que sofrem as privações do mundo e vos exorta a juntar-vos aos que lhe reconhecem o ensinamento, o dominam e o sublimam. Por que solar, afinal? Porque essa iniciação queima, uma a uma, as escórias do ego e fabrica uma última cinza que é um fertilizante para a alma humana... e depois porque ela desprende do meio da sua ganga o Sol interior de cada consciência.

"É esse mesmo Princípio do cordeiro que também conduziu a humanidade terrestre ao ponto em que se encontra hoje. Ele incita, de um modo análogo ao do papagaio, a não sair das fileiras, isto é, seguir sistematicamente um caminho balizado, que hoje se tornou uma verdadeira auto-estrada em que tudo está prelecionado.

"Não vos deixeis enganar... Até aquelas sociedades que fazem gabo da mais ampla democracia funcionam segundo o Princípio do cordeiro e o sustentam. A razão disso é simples. O reflexo ancestral de dominação, que ainda constitui freqüentemente o motor da maioria dos seres humanos, persiste em ditar a sua lei. Ele trabalha porém, cada vez mais, de modo sutil, usurpando uma linguagem de retidão, cujos usuários se comprazem em confundir igualdade e nivelamento, liberdade e hipnose.

"Oh, meus amigos... sem dúvida me perguntareis 'onde fica o lugar do Espírito em tudo isso?' E, então, eu vos respondo... ele está em toda a parte! Existe, acaso, uma só espécie de Vida em que o Espírito não tenha seu lugar? Ele não pode vir de parte alguma, porque tudo procede d'Ele. Compreendei-o bem... O Espírito não é facultativo. Não é uma opção. Podemos ter ou não ter consciência de sua presença operante, mas Ele não espera ser reconhecido para trabalhar. Com efeito, Ele é o único 'limite' da vossa liberdade, visto que não sois livres ainda que o negueis, de lhe proibir de habitar em vós. A não ser assim, essa parte de vós que pensa, ama, questiona e age nunca teria existido desde 'o começo dos Tempos'. Seríeis, seríamos todos, nadas dentro do Nada.

"Por isso vos digo, não receeis esfregar-vos na Vida em tudo o que ela propõe de mais 'exterior' e não odieis o que, nela, vem se esfregar em vós e parece vos machucar. Parece machucar-vos... Isso pode parecer irônico... No entanto, não o é... pois é o vosso ser de superfície que sofre. Falo da superfície deste planeta e da superfície da vossa consciência. Quanto ao vosso ser das profundezas, ele continua a ser diamante puro; nada pode estragá-lo enquanto a Luz, até por trás da máscara da Sombra, continuar a cobri-lo de sementes.

"Eu sei... pífia consolação, me direis, visto que não existe nenhum modo absoluto para encarnar isso no cotidiano. Por conseguinte, a essência crística, o ideal essênio e tudo o que procede da mesma luz continua a ser uma palavra, uma esperança inacessível, lá longe, na culminância do nosso himalaia interior.

"E é precisamente por isso, di-lo-ei por meu turno, que o vosso mundo não é poupado hoje, que tanto Amor e tanto desamor nele se acotovelam, que vós vos demorais sobre o peso dessas palavras e que, por fim, vos preparais para redescobrir, com outro coração, o sentido d'Aquilo que é."

Capítulo Três

A Mulher Dorme na mulher...

A praça da aldeiazinha de Migdel formigava de gente. Descendo os degraus que levavam a ela a partir da estrada de Tiberíades, só se viam manchas brancas e ocres que se atropelavam entre as bancas. Como todas as manhãs, os pescadores ali vendiam cestos cheios de peixes e discursavam para a multidão que descia das colinas vizinhas. Estranhamente, meus pés sentem ainda o calor do sol sobre as amplas lajes das ruelas.

O Mestre estava no meio de nós. Não éramos mais do que uma vintena e ele nos levava para o outro lado do povoado, para uma simples mas bela habitação, onde tínhamos amiúde o hábito de pousar depois de longas marchas. Era a casa de Míriam*, uma jovem da qual se dizia que era parenta dele e que se juntava a nós regularmente nas estradas.

Enquanto atravessávamos a ruela dos ceramistas, o Mestre foi detido por um homem de grande corpulência e rosto avermelhado que se mantinha atrás de um balcão de cântaros e tigelas. O dia não ia ainda muito avançado, mas pelo cheiro que dele se despren-

---

* Míriam de Magdala ou Migdel.

dia quando falava adivinhava-se facilmente que o homem já abusara do vinhozinho que se bebia numa esquina da praça, perto das figueiras.

— Olá, Rabi — disse ele, num tom um tanto ou quanto provocador. — Ainda vais lá para baixo... É verdade que ali encontras com certeza mais atrativos que no meio dos meus cântaros... No entanto, eles são belos, não são?... Mas devias ir só, Rabi! Por que levas sempre contigo toda essa gente?

Ouvindo isso, o Mestre voltou sobre os seus passos e fitou o homem diretamente nos olhos. Vimos então que seus lábios esboçavam um sorriso particularmente doce.

— Por que não me convidas para ir à tua casa, picheleiro? Eu ali beberia de bom grado um pouco do teu vinho ao teu lado... Tu me falarias de ti... Não me esqueci de que tua mulher morreu de parto no ano passado.

Perplexo, o homem enxugou com o avesso da manga o suor que lhe perlava as têmporas.

—... Sabes disso, Rabi? Mas como... não me conheces, nunca olhaste para mim!

— Faz dois anos que percorro estas ruelas, Isaque... E tu, acaso olhaste alguma vez para mim? Sabes sequer que exercemos a mesma profissão?

— A mesma profissão...?

— Nós damos forma à terra, Isaque. Tu o fazes com a habilidade das tuas mãos e eu, com a minha Palavra. Tu para nela botar um pouco de vinho, de leite, e eu um pouco disto aqui...

O Mestre estendeu então uma mão acima das mãos do picheleiro, que se abriram espontaneamente, e vimos da ponta de seus dedos coar-se suavemente uma abundância acinzentada, cristalina e de aspecto viscoso.

"Sal, Isaque... Eu para botar um pouco de sal sobre a terra dos homens."

Com as palmas cheias de um belo punhado daquilo que acabava de receber, o homem sentou-se em silêncio sobre os degraus de pedra da sua loja. Não conseguia destacar a vista do presente recebido, ao passo que os nossos olhos ardiam de admiração diante do prodígio...

Enfim, como nem mais uma palavra podia ser pronunciada por quem quer que fosse, continuamos a seguir a silhueta do Mestre, que já retomara a caminhada na ruela. Chegamos rapidamente à extremidade da aldeia e alguns de nós não pudemos deixar de manifestar certo júbilo. Nossas vozes subiram, sem dúvida, até a casa de Míriam, pois logo lhe avistamos a túnica escura perfilada atrás de um murinho de pedra. Foi o momento escolhido pelo Mestre para virar-se e dirigir-se a nós com voz firme.

— De que vos alegrais, então, meus amigos? Do olhar perdido desse homem ou do que ele acaba de achar? Eu vos pergunto, por que Isaque se colocou hoje no nosso caminho? Por aquele punhado de sal que meu Pai lhe ofereceu ou por esta pergunta que vos faço? Em verdade, quem se rejubila com a perturbação do outro fixa igualmente a perturbação em si mesmo. Antes que este dia se acabe, muitos de vós terão apreciado esse sentimento...

Havia muitas árvores no pátio que se estendia diante da casa de Míriam, e a primavera mudava-lhe a folhagem com uma espantosa riqueza de tons. Logo se leria nelas o calor do verão e todos aí buscariam a sombra...

Míriam estava perto da romãzeira que crescera não longe de um poço de pedras secas. Trazia debaixo do braço uma quantidade de ramos, que atirou ao chão assim que cruzamos a entrada da propriedade. Imediatamente foi prosternar-se aos pés do Mestre e, em seguida, trouxe-lhe um jarrozinho cheio d'água. Não dizíamos nada, conscientes da beleza desses momentos singelos. Era um pouco do que não sabíamos dizer que Míriam conseguia exprimir; nosso silêncio era o nosso jeito de agradecer-lhe, outro modo de reconhecer o lugar que ela ocupava no coração do Mestre.

Duas silhuetas não tardaram a aparecer no vão da porta de sua casa. Eram as de uma mulher mais velha do que ela e a de um adolescente de porte avantajado e ar sonhador. Reconhecemos de pronto Ester sua amiga de sempre, e Marcos,* filho de Míriam. Assim que avistou esse último, o Mestre dirigiu-se para ele, pois era

* O chamado Marcos, o "Menor", nos textos canônicos.

raro encontrá-lo ali. Com efeito, José*, seu tio, o mandava freqüentemente realizar estadas longas nas escolas e templos do País da Terra Vermelha.**

Com seu jeito um pouco tímido, Marcos prosternou-se por sua vez e logo entramos na casa, depois da velha Ester. A casa era bem ampla, sem dúvida uma das maiores de Migdel. Gostávamos de ir até lá, pois nela pairava sempre um doce odor de plantas, um perfume indefinível que acalmava por si só nossos espíritos quando estes tinham necessidade de calma...

Entretanto, o que mais nos encantava eram alguns tapetes que cobriam a terra batida do solo e que José trouxera de suas inúmeras viagens, no correr dos anos. A luz do dia, que se filtrava através das raras e estreitas janelas, destacava particularmente os vermelhos e os ocres. Para a maioria de nós, que nunca pudera sair do velho país de Canaã, era uma forma maravilhosa de imaginar outros horizontes. E, em seguida, cúmulo de luxo para nossos espíritos habituados a bem poucas coisas, havia, num ângulo do aposento, uma escadinha de pedra que levava à câmara alta e ao terraço onde dormíamos às vezes durante as noites de muito calor.

Assim que nos sentamos, encostados à parede, Míriam fez circular entre nós uma cesta de figos secos e um cântaro de água fresca, que cada um de nós pôs-se a beber diretamente. O Mestre instalara-se num dos degraus da escada e nos observava enquanto comíamos. Marcos saiu, mas voltou logo com um novo cântaro transbordante de água. Foi então que o Mestre se pôs a falar.

— Sê de novo abençoada por esta casa, irmãzinha — começou ele a dizer a Míriam que se conservava ainda de pé, encostada a uma trave. — Ela é como uma gruta na superfície da terra, secreta e, ao mesmo tempo, aberta para a abóbada celeste... Ela se parece contigo, Míriam. Forte, cheia de mistério, acolhedora e dirigida para todos os possíveis... Provocando um pouco de medo também, já anuncia... Aquela que vem.

---

* José de Arimatéia.

** O Egito.

— Aquela que vem, Rabi? É a primeira vez que dizes essas palavras... — replicou incontinenti Míriam, com ar divertido.

— Sim, Aquela que vem... Uma das faces de meu Pai, a Força, que é o cimento do vosso coração, do coração de todos vós. A Força da mulher, meus amigos, o Fogo feminino.

Um alarido subiu de pronto do nosso grupinho. Cada qual olhava para o outro e o interrogava acerca do sentido das palavras ouvidas. "Como assim, o Fogo feminino?", lia-se em todos os olhares.

— Explica-nos, Rabi — disse Ester ao mesmo tempo que se levantava. — Ensina-nos. Ninguém aqui entende essas palavras. Como é que o Fogo pode ser feminino? Olha para a ordem das coisas. Os sacerdotes do Eterno são sempre homens desde que este mundo é mundo. Observa as nossas leis... Não são elas inspiradas nessa ordem?... E tu mesmo e todos os profetas, quando falais, não tendes corpo de homens?

Procurando-lhe o olhar na penumbra, vimos que o Mestre se divertia. Os olhos semicerrados e os lentos movimentos da mão que se comprazia em cofiar a barba curta, tudo lhe conferia um ar malicioso que não enganava ninguém sobre suas intenções... Ele se divertia, mas nós percebíamos muito bem o que se escondia amiúde atrás da diversão, às vezes atrás da provocação.

— Tenho corpo de homem, sim. Elias e Moisés também tinham corpos de homem... Mas terei eu e terão eles sempre esse mesmo rosto, essa mesma força? E meu Pai, Ester, pergunto eu, tem perfil de homem? Não serias tu uma sombra revelada e projetada pelo Seu Fogo? Se for assim, que fazes entre nós? Talvez estivesses melhor nos campos ou com as ovelhas?

O rosto da velha Ester mudou de expressão e nós lhe vimos a silhueta cor da noite imobilizar-se de repente, como se estivesse pasmada.

— Mas... Rabi — balbuciou ela — não foste tu mesmo que me convidaste...?

— Acreditas nisso? Algum dia te convidei? Teu olhar cruzou-se com o meu um dia, em Cafarnaum. Não te lembras? Foste tu que te convidaste, que te designaste. É essa Ester que eu amo e amarei sempre. Não conheço a que duvida de si mesma.

"Quando falo do Fogo feminino, vê bem, evoco a Força específica que está em ti, que dormita igualmente em toda mulher e que a maioria delas ainda não consegue perceber. Escutai-me, amigos... a Mulher dorme na mulher. Quero dizer-vos que o Divino que há nela não tomou consciência realmente de seu poderio. Será preciso ainda algum tempo..."

— Sempre duas vezes mil anos, Jeshua?

A pergunta que Míriam acabava de formular despertou imediatamente uma viva reação na assembléia. A maioria caçoava de seu conteúdo. Dois mil ou dez mil anos, pouco importava no imediato. O que chocava era o tom de familiaridade com que ela fora lançada ao Mestre.

— Que há, afinal? — interveio logo este último com voz tão doce que todos foram obrigados a se calar para ouvi-la. — Haverá alguma coisa em minhas palavras que vos tenha perturbado a esse ponto?

— Não, Rabi — exclamou uma jovem cujas jóias cintilavam na penumbra. — Nada do que nos dizes nos perturba. Perdoa-me... é nossa irmã Míriam...

— Por quê? Porque ela deixa falar a Divindade nela? É isso que te choca? Míriam já compreendeu que o germe que nela se exprime é o mesmo que se transformou em árvore através de mim. Assim, não somos nós da mesma família?* E tu não serias da minha família para traduzir desse modo a perturbação de cada um?

A jovem recolocou o véu cinzento na parte dianteira da cabeleira e não respondeu. Com o olhar, o Mestre percorreu a assembléia a fim de nela encontrar olhos capazes de receber a chama dos seus. Todos permanecíamos calados, sem conseguir, na maior parte do tempo, fazer outra coisa senão fixar a trama dos tapetes ou o ombro do vizinho. Acabávamos de julgar e agora nós nos julgávamos.

"Afastai-vos de tudo isso! Míriam não coloca outra coisa além do Amor entre o germe e a árvore. Ela fala em amar quando ou-

---

* De fato, Míriam de Magdala era prima do Mestre Jesus.

tros não fazem senão adorar. No templo adoramos uma imagem, um símbolo, uma estátua; aqui, meu pai vos ensina o Amor com um Fogo que calcina todas as hierarquias, um Fogo que vos faz acolhê-lo sob todos os rostos, até sob aqueles que não compreendeis. Sobretudo sob esses.

"Em verdade, desde a aurora dos Tempos, a consciência dos amos engendra a dos escravos e a dos escravos chama e renova a dos amos. Há inúmeras gerações, a consciência do homem abafa a da mulher, que adora e alimenta a do homem. Haverá lugar para mim no meio de tudo isso? Em mim o amo e o servidor se confundem. Ora meu olhar é homem, ora é mulher. O Espírito não é masculino nem feminino, e meu Pai é, ao mesmo tempo, minha Mãe desde toda a eternidade. Às vezes minha Mãe abre os braços e oferece, às vezes meu Pai abre a boca e sopra. Logo minha Mãe abrirá os braços... e é para que sua oferenda seja mais plenamente acolhida que hoje vos falo e alimento os germes. Um pouco de fogo e de água... e eis aí o que vos faz abaixar os olhos.

"Deixai-me agora contar-vos sobre Aquela que vem e que vos recusais obstinadamente a ver, pois é Aquela precisamente que buscareis quando os Tempos chegarem. É Aquela, eu vos digo, que poderá abrir a porta Àquele que vem.

"Quando, todos juntos, vos voltais para os tempos de outrora e discorreis longamente, evocais a memória de Abraão, de Jacó, de Ezequiel, de Moisés ou ainda de Elias. Ao fazê-lo, tendes a impressão de falar de homens que eram mais do que homens. Evocais, isto sim, estátuas congeladas por gerações de Doutores e que supostamente traduziam em tudo a vontade de meu Pai. Portanto, não o esqueçais nunca: Abraão era homem, Ezequiel era homem e todos os profetas também. É verdade que eles não eram o Homem. Viviam em tempos em que ninguém podia conceber que o homem pudesse deixar expressar-se a mulher que nele habita. O homem tinha o coração masculino, e disso se vangloriava; ele ignorava muita vez a potência, mas venerava o poder."

Sentado num canto do aposento, o Iscariotes tomou então a palavra.

— Devemos compreender que ergues a voz contra a fama dos profetas, Rabi?

— Acreditas que eu esteja aqui para me erguer contra quem quer que seja? Eu me expresso unicamente contra a ignorância e a pobreza das almas que se estagnam e fenecem. O tempo que passa é como a flor que se abre para o infinito. Se tu não o vês assim, continuas dentro de um botão que não desabrocha nunca e depois se estiola por não conhecer o sereno, a brisa, a chuva e o sol. Cada manifestação da Vida traz em si mesma sua virtude. A virtude feminina, que chega a não tocar o coração masculino, é parecida com uma flecha de ouro que não atinge o alvo. Assim, enquanto o Fogo da Mulher não for desejado pela consciência do homem, esta última será órfã da metade de si mesma. Os profetas e patriarcas dos tempos antigos do nosso povo não tinham Mãe, pois não a deixavam expressar-se através deles... Mas eis que, a partir de hoje, tudo será diferente. Eis que convoco o Fogo feminino a reencontrar seu lugar e a Mulher a despertar em todo o povo humano.

— Fala-nos então dessa Força... que é ela? — atalhou Míriam sempre encostada em sua trave.

— É a Força que sabe reconhecer a beleza e a grandeza de uma fraqueza. É aquela capaz de conceber o poder redentor de uma lágrima. É aquela também que se metamorfoseia ao admitir a mudança como energia de Vida. É o princípio volátil pelo qual tudo se eleva insensivelmente e à sua própria revelia.

"Pois eu vos digo, é pela Mulher que tudo acontecerá quando minha Palavra puder ser ouvida claramente e é também por Ela que minha Palavra secreta viajará até esse tempo. Há n'Ela um princípio desestabilizador que a converte na eterna indicadora..."

— Mas... Rabi, a desestabilização é a guerra! — interveio de novo o Iscariotes, com ar sonhador. — Evocavas, há pouco, uma Força de terapia e de paz... Não compreendo.

— Judas, meu amigo, o Fogo feminino é um Fogo revelador. Ele põe em evidência, debaixo do sol, uma chaga latente, uma falha. A iniciação começa sempre com a iluminação, amiúde dolorosa, daquilo que em cada um não está em seu completamento, em sua perfeição. A terapia em ação, vê tu, manifesta-se a princípio pela dor da purificação. Assim, a desestabilização não é guerra, mas parto. Assim, igualmente, a terapia não faz senão convocar o bálsamo em sua doçura; começa por colocá-lo onde o ser é amputado de parte de si mesmo, onde a alma é órfã.

"A iniciação pelo Fogo feminino traz em si a lei da verdadeira subversão, visto que a paz para a qual ela faz avançar, sobressalto após sobressalto, não tem nada que ver com a treva. A treva é um princípio masculino, um princípio guerreiro, que faz marchar o soldado no mesmo lugar. O soldado que existe em todo homem, ou em toda mulher, marcha sempre no mesmo lugar. Sapateia e amassa a terra em si em lugar de ará-la.

"As tropas armadas de Roma, que ainda ontem víeis passar pela estrada do lago, vivem em cada um de vós, enquanto a Mulher verdadeira não se exprime.

"Ela é essa capacidade de terremoto que falta ainda à vossa alma, essa potência inventiva e sensível que ousa fazer virar as páginas da Vida.

"E tu, olha para ti, Simão-Pedro... Tu me segues pelas estradas deste país, mas continuas pescador até a raiz dos cabelos. Não consegues ainda pensar de maneira diferente... E tu, Levi, ignoras sempre que podes fazer outra coisa além de coletar... E, aliás, todos vós, sim, tu Moshab, até tu Natanael, não podeis conceber-vos de outro modo que não diante da vossa loja, na vossa oficina ou em vossas terras. Quantos há, entre vós, pergunto eu, que já imaginaram poder deixar tudo — daqui a pouco, por que não? — para traçar diferentemente a trajetória da vida de cada um?

"A imaginação é uma faculdade feminina, irmã do Amor. Podeis vê-la qual uma água saída das alturas da alma e que impede o coração de se ressecar. Ela é o contrapeso desse hábito que faz de vós, ao vosso modo, súditos de Roma..."

— De Roma? — pulou o Iscariotes. — Mas Mestre, por que dizes...!

— Eu me refiro à única Roma que existe, meu irmão... a Roma interior que há em todo ser humano. Essa força é um inchaço que nasce com o excesso de Fogo masculino. Faz muito tempo que ela se estende sobre a Terra! Eu lhe chamo energia da uniformização e da rotina. Eu lhe chamo também ordem humana das coisas e compressão da consciência. É a disciplina dos sonâmbulos, o ritual dos que não saem do sulco escavado pelo pai de seus pais. É a força repetitiva que quer organizar todas as vidas, desde o começo até o fim, sem o menor desvio que possa fazer sonhar com um possível passo em falso. Assim, pergunto, quantos de vós podeis abandonar tudo neste momento para seguir-me?

Na penumbra da casa de Míriam caiu um pesado silêncio sobre todos nós. Insensivelmente, por uma das minúsculas janelas do nosso aposento um raio de sol viera acariciar o rosto do Mestre. Ele brincava com o ouro de sua longa cabeleira e acrescentava ainda o brilho penetrante de seu olhar.

— Sabes muito bem quem pode, Rabi... — murmurou afinal alguém na assembléia.

— Eu sei quem o poderá... nesta vida... Mas, embora a minha Palavra vá florescer amanhã, minha pergunta é para agora. Bem poucos, repito-o, bem poucos de vós podereis, em verdade, neste instante, partir comigo para dar outro caminho à própria vida... porque esse Fogo que, em mim, corta, quebra e reforma, é feminino.

"Míriam, cuja residência hoje está aberta para nós, conhece, ela também, os arcanos desse Fogo. Muito antes de se ter aberto à minha Palavra, ela lhe conhecia os acentos e tomara nas mãos as rédeas de sua vida. Ninguém ignora o que se diz a seu respeito nesta região, e é por isso que ela é cara ao meu coração. Míriam soube quebrar a cadeia das proibições, recolocando em causa a ordem das coisas.

"São da minha família os párias do pensamento estabelecido e todos os rebeldes ao sono. Mas fala, Míriam... dize-lhes qual é o teu caminho, pois igualmente raros são aqueles, aqui presentes, que transporiam sozinhos os umbrais da tua casa. A vontade de meu Pai é que cada qual aprenda e pegue parte do seu alimento onde ele é abundante."

Míriam abandonou enfim sua trave e agachou-se devagar, manifestamente envergonhada pela atenção de que de repente se tornara objeto.

Seu rosto, embora sem dúvida belo e jovem, tinha os traços marcados das mulheres que a existência já colocara diante de um combate. Numa espécie de gesto de timidez que não lhe conhecíamos, ela trouxe de volta à cabeça o véu de linho azul e depois, passado um instante de silêncio, pôs-se a falar... A voz era forte e quente, e houve entre nós quem experimentasse então uma viva emoção.

— Rabi... não sei o que minha vida pode ensinar a quem quer que seja, mas sei o que ela já me ensinou. Que devo dizer-vos?

"Passei boa parte da minha infância e, depois, da minha adolescência estudando as ervas. Os Irmãos de branco* sempre me concederam longos momentos para isso. Aprendi assim as virtudes das plantas e de seus perfumes; vi o como elas podiam ser casadas com óleos múltiplos e, enfim, como os corpos as recebiam. Compreendi rapidamente que, por isso, nas ruelas, alguns me evitavam e desconfiavam de mim. Somos sempre, ao que parece, um pouco mágicos quando freqüentamos a alma das plantas... e também os homens de túnica branca e cabelos compridos. Tomei disso o meu partido... Meu tio me animava a fazê-lo... e acreditei que o fio de minha vida já estava traçado, sem hesitação possível.

"Depois, quando eu tinha dezesseis anos, encontrei Saulo.** Ele era rico, altivo, sedutor... O casamento foi suntuoso. Feito de amor, prometia abrir outras portas ainda além das de minhas ervas. Saulo caçoava do meu saber, mas que não teria eu aceito para ficar a seu lado! Assim nasceu Marcos. Não nesta casa, mas em Tiberíades, onde as tarefas de Saulo nos obrigavam a estar naquela época. Embora pertencesse ao nosso povo, ele era cidadão romano...

"Infelizmente, logo descobri que meu esposo não gostava só de falar muito, mas gostava ainda mais de vinho. Refugiei-me, pois, ao pé de meus óleos e de Marcos, que crescia. Então... Saulo começou a bater-me e chegou o dia em que fiz o que nenhuma mulher faz. Peguei meu filho e deixei Tiberíades para refugiar-me nesta casa, que pertencera a meus parentes e onde Ester vivera sempre.

* A Fraternidade essênia.

** Saulo de Tarso.

"Foi então, na verdade, que tudo realmente começou para mim. Que podia ser uma mulher, que chegava com uma criança, que possuía evidentemente mais riquezas do que a média do povo e da qual os boatos diziam que ela acabava de abandonar o marido? Que poderia ser ela senão uma prostituta? O Mestre acaba de vo-lo dizer... Há coisas que não se fazem... Há coisas que nem se podem imaginar fazer quando se tem a lógica de Roma pregada à alma. É então preferível sofrer, asfixiar-se, arriscando-se a morrer, do que desertar as fileiras... A lógica de Roma é também a lógica dos patriarcas da nossa raça, não duvideis disso! Ela prescreve uma atitude que elimina todas as audácias e até mesmo a menor intrepidez.

"Recusei a submissão ao seu império vindo para esta casa com Marcos. A Vida iniciou-me realmente em seu verdadeiro valor, talvez também no meu verdadeiro valor, nestes mesmos lugares em que estamos todos reunidos. Ela me obrigou a não sufocar a força de liberdade que sempre ferveu em mim. Sem esse... impulso sagrado de independência, sem dúvida, eu nunca teria podido ouvir a Palavra do Mestre como hoje faço... e, sem dúvida, esta casa não pertenceria a ele e a vós! Aqui continuo a preparar minhas ervas e meus óleos, continuo a cuidar dos que batem à minha porta, recebo sempre os Irmãos de branco, e o que dizem de mim já não me fere."

— Mas que fizeste, Míriam, a fim de que isso já não te fira? — arriscou febrilmente Simão-Pedro, cuja testa larga se enrugara à medida que a narrativa avançava.

— O que fiz? Justamente, não fiz nada... Contentei-me em ouvir o que me parecia existir no fundo de mim mesma e confiei nisso. Perguntei-me o que era certo: a imagem que eu dava de mim, a que eu tinha de mim ou o que eu era, com toda verdade, no fundo do coração. Orando para o Eterno, compreendi depressa que só o que eu era podia ter importância... mas, ao mesmo tempo, vi que ignorava precisamente o que eu era, e que só havia uma solução para começar a apreendê-lo: deixar falar esse fundo do meu ser, ao mesmo passo que não dava a menor importância às duas outras imagens de mim mesma.

"Confesso que conheci, então, um pouco o orgulho. Eu quis enfrentar tudo, desafiar tudo, porque me acreditava melhor, mais verdadeira. Eu tinha a força da independência, da intrepidez, mas me faltava essa qualidade de Amor que serena tudo e que o Rabi veio despertar em mim no momento certo.

"Compreendo bem que ela é apenas nascida, mas eu a deixo estar, deixo-a crescer erguendo barreiras cada vez menores... Aceito que partam todos os meus medos, sabendo que não terei nada a temer enquanto permanecer nessa única parte autêntica de mim mesma, que nada pode macular nem mesmo ferir. Que importa, então, se no meio da praça e nas margens do lago continuam a me apontar com o dedo? Que importa que eu ouça os sacerdotes exigindo, às vezes, que as pessoas passem ao largo da minha casa? Admiti que eu podia ser um fermento capaz de interpelar o fermento que há nos outros.

"Como o sabeis, faz muito tempo que já não vejo Saulo, mas já me disseram muitas vezes que ele me considera uma inimiga. Isso me atormentou durante muitos anos porque ele não é, nem nunca foi, meu inimigo... Ele foi meu adversário, o que é muito diferente... Hoje posso dizer-vos que não há sequer esse sentimento de adversidade em minha alma... É a dureza que se manifestava através de Saulo que me permite agora receber de outro modo o Sol... e estar ao vosso lado.

"Se é assim que se manifesta o Fogo feminino, Jeshua, então sim, compreendo a bela força de rebelião de que tanto falas e que invoco, neste momento, para todos!"

— Vivo contigo há tantos anos, Míriam, mas a palavra rebelião me incomoda sempre em tua boca. Como podes pensar sempre em rebelião enquanto o Rabi... e tu também, quereis sempre o Amor?

A velha Ester pronunciara essas palavras com certa tristeza na voz, como se alguma coisa de inapreensível lhe escapasse uma vez mais e sua alma estivesse cansada.

Quanto ao Mestre, este ouvia em silêncio a discussão que se animava. Em sua ampla túnica branca, sempre imóvel sobre os degraus da escada, ele tinha o ar quase imaterial. Ouvia-nos com o rosto divertido; um olho atento teria podido ver até que ponto ele nos observava a todos e nos envolvia com sua ternura.

— ... Mas quando falo em rebelião, Ester — replicou Míriam reerguendo-se —, não digo violência. Falo em rebelião doce, o que quer dizer insubmissão a tudo o que encerra o Amor entre as muralhas das opiniões e das idéias.

— Entretanto, podes falar em violência — interveio então o Mestre. — A violência é uma manifestação enérgica da Vida. É uma espécie de cólera sagrada da energia vital. Se isso vos choca, assim como o vejo, meus amigos, é porque confundis violência com brutalidade. Quando um homem fere outro com um gládio, chamo a isso brutalidade, até bestialidade.* Da mesma forma, uma palavra que sai da boca ou um pensamento emitido com a vontade de ferir são, evidentemente, manifestações de brutalidade... alimentados pelo não-Amor.

"A violência... é a oposição firme e enérgica a toda forma de estagnação da energia da Vida. É um rosto, um atributo de meu Pai que faz que tudo se mexa, que tudo esteja eternamente em movimento. Essa violência é a ação natural, desejável e feliz da relha do arado que revolve a terra. É freqüentemente uma provação, mas é sobretudo, vede bem, o não-sono. Por ela avançais; por ela o espírito da minha Mãe opera em cada um sua obra necessária de movimentação. A violência pode ser o não-conforto indispensável ao despertar d'Aquilo que vem em vós. Compreendeis o que vos digo? Ela não representa, de maneira alguma, o choque que infligimos ao corpo, mas a sacudidela que devemos imprimir regularmente à consciência que adormece... E mesmo no coração do que denominamos o Bem acontece a cada um adormecer. Eis por que a vigilância, meus amigos, deve estar solidamente fixada nos calcanhares dos que empreenderam conscientemente a Peregrinação.

"Estais lembrados de que outro dia eu vos disse na entrada da Sinagoga: 'Eu sou a espada.' Isso significava, como o havíeis compreendido, 'Eu sou violência.' Eu sou violência na medida em que

---

* Não confundir bestialidade com animalidade.

sacudo tudo o que não tem base sólida e justa. Sou violência porque não deixo repousar a alma e porque a Mulher em mim, a Mãe divina, induz sem cessar o movimento e o imprime ao universo inteiro. Meu coração é uma matriz na qual crescem vossas consciências.

"As mulheres acreditam muito amiúde que não fazem outra coisa senão dar nascimento a corpos e que nesses corpos vêm fixar-se as almas. Não acrediteis em nada disso! As mulheres são, desde toda eternidade, as matrizes e amas de muitas outras coisas. O Princípio da Mulher está lá para quebrar a corrente de todas as rotinas. Ele fala da sagrada curiosidade inventiva e cria assim um espaço em constante expansão na consciência da humanidade. Ali se situa seu verdadeiro papel matricial. Ele gera e alimenta a 'outra coisa' e o 'de outro modo' de que a Vida necessita para realizar a sua obra.

"E digo-vos que é por isso que a mulher precisa ver a Mulher, e o homem admitir a Mulher nele. O despertar deste mundo exige uma mutação dessa natureza! O Fogo feminino é um fogo de Terra e, se ele precisa do ar que vem do Céu, o inverso não pode ser negado. Todo aquele que sabe ler vê que o Céu e a Terra se chamam um ao outro, que eles não existem independentemente um do outro. Que os homens aceitem, portanto, esse ensinamento, que as mulheres já não temam desvelar sua função... e então esse mundo entrará em metamorfose."

Deixamos a habitação de Míriam à tarde. Dissimulava-se um pouco o sol atrás de um fino véu de bruma, ao passo que Migdel parecia cochilar. A pracinha do mercado e as ruelas íngremes que levavam a ela estavam desertas. Somente dois burros carregados de feixes de lenha esperavam debaixo de uma bela amendoeira. Quando chegamos ao alto dos degraus que conduziam às colinas, carregou-se o ar de uma ligeira fumaça que rescendia a madeira que se queima.

Um de nós possuía um redil nos flancos da montanha e poderíamos ali passar a noite. Quando chegamos à altura de um silvado que quase nos barrava a passagem, o Mestre mostrou-nos com o dedo, na distância, o teto terraceado da casa de Míriam. Via-se distintamente o imenso loureiro que ali crescia e coloria de rosa a brancura das pedras.

— Olhai, — disse ele —, guardai bem na memória esta casa com seus óleos e seus ungüentos. A consciência de Míriam se estenderá um dia sobre o mundo. Ela aí será como um óleo; penetrará profundamente nos corpos e nas almas para neles destilar sutilmente suas virtudes. Pedi a meu Pai que estejais presentes quando chegar esse tempo, pois eu vos afirmo que o seu Verbo surgirá então outra vez.

Capítulo Quatro

O Princípio de Míriam

No espaço que o coração sabe urdir como se urde um casulo, a voz sem idade veio procurar-me de novo. Ela projetou sua luz sobre o "agora" há tanto tempo anunciado e que já não admite o sono rotineiro das almas.

— O sono da alma — disse ela — estende sua sombra sobre todos aqueles que não se rendem à evidência... E a evidência proclama que este mundo gira sobre si mesmo, prisioneiro nas teias de aranha de um antigo funcionamento. É o funcionamento binário e simplista de alguns sempiternos patriarcas dominadores, verdadeiros dinossauros da consciência.

"Por estas palavras quero dizer-te, amigo, que as engrenagens de vosso pensamento e da vossa maneira de ser já estão bem usados. A concepção deles data de um tempo em que a Vida podia ainda conceder-vos não ver além do 'alcance de um ego'... Mas os tempos se mexem como um corpo cresce e, se não vos deslocardes com eles, tornar-vos-eis incontinenti adeptos do culto do 'cérebro reptiliano'.

"Achais, sem dúvida, minhas palavras bem guerreiras, e elas de fato têm a violência que o vosso ser reclama a fim de reagir. Sabia que não tendes necessidade senão de carícias?

"Quando evoco o vosso mundo, aponto o dedo igualmente para o vosso mundo interior e para o 'universo' exterior do qual afirmais, na maior parte do tempo, serdes vós mesmos as vítimas impotentes. O afundamento em areia movediça em que viveis está ligado, em boa parte, ao fato de vos comportardes cotidianamente de um 'jeito-macho'— todos ou quase todos — assim homens como mulheres. Quero dizer que as virtudes masculinas, ou consideradas como tais, primam em vós a ponto de vos tornarem cegos à vossa própria revelia.

"Dizei-me, que acontecerá se um só dos vossos dois olhos funcionar? Perdereis toda percepção de relevo; escapar-vos-á a noção de profundidade. Acontece o mesmo sobre o oceano da vossa consciência... Se mantiverdes sem cessar os cotovelos apoiados na amurada esquerda da vossa embarcação, esta ficará desequilibrada. Não faço referência apenas aos famosos hemisférios cerebrais esquerdo e direito, mas também ao modo segundo o qual valorizais cada um desses centros.

"Com efeito, quando tomais consciência da polaridade respectiva deles, vós o fazeis de modo todo masculino; continuais a classificar, a indiciar, e portanto a erguer barreiras; e continuais sendo dualistas, meus amigos, ao mesmo tempo que proclamais a beleza do equilíbrio das forças... Suprema astúcia da mente humana, ligada ao seu próprio jogo. É assim que o Fogo masculino continua a queimar o Fogo feminino e que o Fogo feminino aceita um pouco mais ser absorvido. Na verdade, todavia, seria mais justo dizer que é o macho que se esforça por ser um pouco mais macho e a fêmea que procura as virtudes do macho.

"Se o Fogo feminino chegar, que chegue realmente e não se ponha a balbuciar os rudimentos de um credo de outrora e já puído.

"O tempo previsto se escoou desde que o Mestre Jesus evocou a aparição renovadora do Princípio da Mãe Divina sobre esta Terra... e cada um constata hoje até que ponto, de uma extremidade à outra do mundo, as mulheres tentam tomar o lugar que lhes cabe. Mas o que é, portanto, esse lugar? Diante do Absoluto, como está longe de todos os 'feminismos' que este século viu eclodir! Alguns viram neles os balbucios do Fogo feminino esforçando-se por retomar o seu lugar.

"Na realidade, porém, foi mais uma vez o Princípio masculino que se expressou. Bastou-lhe mudar de máscara, tomando emprestada a voz de certas mulheres. Quando procura apropriar-se das características do homem, a mulher identifica-se com o pobre que, ao proclamar os ideais de igualdade, não sonha senão, com efeito, em conquistar os privilégios do rico. Toda força que tenta tomar o lugar de outra, apoiando-se em mecanismos análogos, nunca está em seu lugar. É um fac-símile da precedente... Eis aí por que a história da humanidade não passa, até o presente, de uma sucessão de modelos de poderes e dominações que se reproduzem e copiam uns aos outros.

"O fato de a vossa humanidade viajar da ditadura para a monarquia e depois para a república nada muda de tudo isso, porque o vento que lhe infla as velas só inspira relações de forças. A incessante luta interior a que se entregam vossas almas, indo do dominante ao dominado, é uma gaguez de que deveis desfazer-vos. O Fogo feminino que chega hoje tem por missão pôr fim a esse tipo de combate. Tem por função reinventar o homem e a mulher neste mundo, quero dizer, revelar outra imagem, mais solar, mais crítica no sentido universal do termo.

"Sim, o Fogo de Aquário é feminino... mas nada nele é adocicado, pois ele cortará resoluto, com o passado, sugerindo outros modelos de Vida. Todos os que hoje aceitam sacudir a árvore de seus hábitos são os irmãos e irmãs de Míriam de Magdala. Eles se revelam femininos no sentido desestabilizador, mas construtivo, da palavra. Sua missão global nas relações que a Vida engendra é reunificada e, nesse sentido, se mostra desestabilizadora e provocante.

"Construir o Amor e a União constituem, de fato, a última provocação feita a este mundo, porque construir não é discorrer. Construir, em primeiro lugar, é imaginar, ir de 'por que não' em 'por que não', de 'utopias' em 'utopias'. Eis por que o Fogo feminino é herético desde toda a eternidade. O heretismo é o que vos estende os braços, não amanhã, mas hoje mesmo, desde que não estais satisfeitos de pertencer ao número dos 'fotocopiosos' na superfície desta Terra.

"O Fogo feminino de Aquário sugere, por isso mesmo, uma nova definição de espiritualidade. Esta é a porta mais aberta que existe, toda feita de ar e água e, não obstante, extraordinariamente encarnada na terra. Ela tem por missão reconciliar entre si todos os aspectos da existência para que finalmente se apreenda a Vida. É uma espiritualidade de ruptura e comunhão. Como pode ser uma coisa dessas? A ruptura se faz com as convenções, os dogmas e suas estagnações; a comunhão, com a redescoberta de um Amor sem artifício e de uma partilha sem regateios. Em matéria de Amor e de Luz, vede bem, o heretismo é ser a própria pessoa sem dissimulação, a própria pessoa consigo, a própria pessoa com outrem, sem reservas.

"Que o Princípio de Míriam vos habite, portanto, se decidirdes incluir-vos no número dos que empreendem a reforma do mundo neles mesmos! Quero dizer, não no número dos doutores com belas palavras, mas no número daqueles e daquelas que não se temem das responsabilidades.

"A linguagem própria da propaganda política invadiu todas as camadas de vossas sociedades, incluindo a camada religiosa, e nelas se agita. O Princípio de Míriam, por sua vez, assume o aspecto de uma língua de Fogo que desperta a necessidade de autenticidade.

"Se sentis a não-convenção operar tranqüilamente a sua obra em vós, se percebeis que a audácia e a intrepidez se apoderaram da vossa alma, se vedes que a hipnose social já não surte efeito sobre vós, ao passo que aspirais à compaixão e à ternura, o Fogo feminino de Míriam de Magdala já vos é familiar. Que quer ele? Que ouseis o que nunca ousastes. Que vos torneis um fermento, um lêvedo. Para isso não se faz mister atingir a perfeição. Essa expectativa, a pretexto de 'trabalhar sobre si' seria bem mais uma declaração de orgulho e preguiça do que uma manifestação de Amor.

"Toda mulher deve hoje realizar a tarefa renovadora que é sua. Só ela, o seu princípio vivo no homem, pode verdadeiramente ousar virar a página.

"Sabeis que, todas as noites, milhões de mulheres tornam a

encontrar-se em pequenos grupos, na luz, fora do corpo e no país da consciência? Elas não se encontram por hostilidade aos homens, não pretendem marcar uma diferença e impor seu modo de sonhar o mundo... porque não se trata de um complô. Elas se reúnem para construir. Não a fim de solapar o 'sistema masculino', senão a fim de induzir a metamorfose onde reina o imobilismo. A compreensão que elas têm de Mecânica sagrada revelou-lhes o fato de que nunca devemos lutar *contra* alguma coisa, mas nos posicionar e trabalhar *por* outra coisa. Assim, a engrenagem eterna das relações de força já não se vê alimentada e a sombra da energia de combate não se estende mais.

"Falei em sonhar o mundo... e, com efeito, é disso mesmo que se trata por ocasião desses encontros noturnos de almas com almas.

"A 'maneira macha' de gerar a existência sempre excluiu o sonho, pois o opõe à realidade cotidiana. Entretanto, essa mesma não teria, acaso, saído de um sonho? Não consiste ela num modo de pensar que se encarnou? Cada um de vós projeta para fora de si seu modo de ver a vida. Se pensardes pequeno, construireis pequeno. Assim fizeste o vosso mundo; vós o sonhastes nos limites da vossa capacidade de amar... pois o Amor é Imaginação sagrada, Sonho divino. Assim igualmente o vosso cotidiano está limitado como um campo fora do qual algumas sementes não são autorizadas.

"Compreendei bem... A finalidade do Fogo feminino não é suplantar o Fogo masculino. É ajudar na transformação da 'maneira macha' de gerar o universo numa 'maneira masculina' de fazê-lo.

"O sonho é a única realidade que existe... Meditai nessas palavras porque elas ultrapassam o entendimento humano médio deste tempo. Deus — ou o que chamais de Deus — é o primeiro sonhador. Viajamos no seu sonho para aprender a sonhar, isto é, imaginar-nos mais belos, ainda mais luminosos e a realizar-nos assim.

"Eu sei, amigos... tudo isso parece ir contra alguns grandes ensinamentos oriundos do Oriente. É o que parece... Simplesmente... porque não é o aspecto tradicional da questão que ventilamos aqui. Sem levar em conta as circunstâncias, vós vos situais além do sonho. Habitais esse infinito mais alto que as esferas, lá onde habita a Divindade... Mas o sonho, sem embargo, continua sagrado porque é o Instrumento divino pelo qual toda a Criação foi concebida e tomou forma. É assim que, por trás do obstáculo, que parece representar, ele se torna o Instrumento da Transformação desde que nos aproximemos da sua essência fora dos esquemas preestabelecidos.

"O Fogo feminino contém boa parte de sonho porque é audaz e porque, sem audácia, não haveria progresso. A audácia consiste, por exemplo, em imaginar que uma sociedade pode existir sem sistema monetário, sem organização militar ou policial. A audácia consiste igualmente em admitir a idéia de que o Cristo não quis necessariamente o Cristianismo, nem Buda o Budismo e tampouco Maomé o Islamismo. É desenvolver a utopia ou a heresia para mudar o 'programa interior'. Desagrada-vos essa noção? E, contudo, estais muito bem programados. Vós mesmos implantastes um programa de funcionamento que torna-vos receptivos a outros programas e, logo, solicitantes destes últimos... programas esses que, se levarmos mais longe a reflexão, suprimem em vós até a consciência da vossa autoprogramação inicial. É assim que se leva a vida em Babilônia... entre robôs. Vossa evolução, vossa felicidade, vossa alforria dependem da imaginação e da vontade, dois atributos da força de Amar.

"Que surja, portanto, a Mulher, a Mãe, a Esposa, a Matriz atrás de cada olhar que fixardes no universo... pois não é simplesmente ao vosso pequeno grupo social que tudo isso diz respeito. É, com efeito, ao Universo em sua totalidade, tão seguramente que não tocamos numa árvore de um jardim sem modificar o equilíbrio deste último.

"A desprogramação que se solidariza daqui por diante com o Fogo feminino far-se-á sentir até no coração de vossas células se concordardes em abrir-lhe a porta. Quero dizer que o problema de condicionamento aos reflexos dualistas que engendram o sofrimento também se tornou há muito tempo uma questão de genética. Os medos, a necessidade de dominação e a bestialidade se lêem no vosso ADN. Vossos genes receberam-lhe a marca no correr dos séculos. Eis aí o que explica, em parte, vossa dificuldade de reagir diante do afundamento do vosso mundo em areia movediça. Eis por que estais há tanto tempo amorfos diante da vaidade e do absurdo.

"Deixai-me dizer-vos que a vossa Terra não é a única que carrega seres com forma e inteligência humanas. Aqueles que pretendem o contrário são os mesmos que, nos séculos passados, teriam queimado os navegadores que suspeitavam da existência de continentes além dos oceanos. São os machos que eu evocava ainda há pouco. São os fotocopiadores de antigos esquemas... E compreendei-me que entre eles existem, sem dúvida, mulheres!

"Deixai igualmente que eu vos diga que o problema genérico a que acabo de aludir representa uma das razões pelas quais o vosso mundo é regularmente visitado por certas 'Inteligências vindas de fora', segundo uma expressão prudente e consagrada.

"A Bíblia e cem outras Tradições de todos os horizontes da Terra testemunham as incursões episódicas desses 'Anjos' ou 'Elohim' que vieram visitar as 'filhas dos homens'. O fenômeno acontece ainda hoje mais uma vez, de modo diferente, mais sutil. A finalidade continua a ser a mesma, porque a humanidade continuou a atolar-se embora se tenha anunciado uma viravolta inevitável e delicada. A prisão dos pensamentos na esfera de vida terrestre realmente conseguiu poluir o código genético do homem que nela se encontra. Tudo isto não é a trama de um mau roteiro, mas um aspecto da realidade da qual todos participais enquanto não vos derdes as mãos.

"O Princípio de Míriam terá levado dois mil anos para encarnar-se. Hoje já é fato consumado, se bem ainda seja bebê na maioria de vós.

"O ensinamento 'cristão', que evoca a 'ressurreição da carne', é uma alusão malcompreendida e deformada à necessidade de modificar as leis do funcionamento humano terrestre. O mundo de Shambala, que deu origem outrora, entre outras, à corrente de pensamento essênio, representa o modelo perfeito da ascensão possível de cada um, desembaraçado, no corpo e na alma, de toda sujeira. O Fogo feminino que vos anuncio é um caminho que conduz seguramente a esse mundo. Quanto a Shambala, ela não é mais que a Jerusalém Celeste da Tradição ocidental, o Símbolo absoluto do que vos espera no fim da Audácia.

"Compreendei que o Princípio que animava Míriam de Magdala e seus companheiros essênios não vos sugere que volvais os olhos para o passado. Ele vos convida, pelo contrário, a tornar-vos totalmente presentes no vosso Presente e a romper com tudo o que impede a matéria e a consciência de se desenvolver. A partir do momento em que vos anunciam que uma coisa é impossível, esforçai-vos por vo-la representar como realizável. Explorai todos os 'por que não' do mundo. É assim que começais a deflagrar o mecanismo do Princípio de Míriam, libertando-vos da programação das gerações passadas.

"O desafio assumiu, sem dúvida, uma forma completamente outra que a de dois milênios atrás. Sua essência, contudo, permanece idêntica, pondo em evidência um ponto de vista não-conformista, inclassificável, que se desvia amiúde da espiritualidade, fazendo dela um motor universal que pode e deve se misturar a todos os domínios da existência. A essência dessa espiritualidade não é uma filosofia no sentido em que a maioria das filosofias é mais sistema de prazer intelectual do que aprendizado da Sabedoria. Não aderimos ao Princípio do Fogo feminino como se operássemos uma crença ou um modo de pensar. Deixamos apenas a sua Força imanente retormar plenamente o seu lugar em nós. Com efeito, a Energia feminina tira do movimento e, portanto, da metamorfose boa parte do seu potencial. Assim sendo, representa o não-julgamento por excelência. Ela não sabe banir, visto que não tem uma visão imóvel da Vida e visto que experimenta, de contínuo, todas as formas de banimento.

"A intuição é a alavanca pela qual ela entra em ação, uma espécie de 'instinto humano' que não podemos, em caso algum, comparar com uma percepção vaporosa, senão com um conhecimento real dos possíveis que ainda restam a ser encarnados.

"Estai bem certos, vós que compreendeis o que vos digo, de que nada disso se reduz a uma sucessão de palavras. Isso corresponde a uma realidade que não tardareis a descobrir se decidirdes não vendar os olhos outra vez.

"Colocai-vos com coragem no ápice da vossa montanha interior e recebei estas duas perguntas: Que exige de vós o mundo estabelecido? Que exige de vós o vosso coração não-revelado? Digo bem 'não-revelado' pois acontece geralmente que o coração revelado, o que escutamos, o que confunde afeto e emoção com Amor, adota a fixidez da razão do mundo ao imaginar-se funcionando de outro modo.

"O mundo estabelecido espera de vós que o conserveis indefinidamente, que o conforteis em seus raciocínios e que termineis sempre, aconteça o que acontecer, inclinando-vos diante dos homens e das mulheres que lhes determinam suas próprias regras. É o mundo dos poderes políticos, econômicos, religiosos ou científicos, todos ligados uns aos outros porque agem pela mesma força do imobilismo. É o universo dos que dão lições ao mesmo tempo que se oferecem oficialmente ao bem comum.

"No que concerne ao vosso coração não-revelado... não penseis que ele seja o contrário de tudo isso. Antes se destaca, observa-o e aprende a compaixão ao seu contato. Como a Força do coração verdadeiro poderia opor-se ao que quer que seja? Ela não constitui um bloco que se colocaria entre a Sombra e a Luz, pois compreende que tudo o que repousa sobre uma lei binária é sempre fruto de uma consciência balbuciante. Ela proclama que só existem o Bem e o Mal porque existe também 'o que faz avançar'... e digo que 'o que faz avançar' é invariavelmente 'o que perturba'. São os cabelos compridos onde o corte 'à romana' é de preceito... e vice-versa. É a objeção de consciência onde o 'Ministério da Guerra' se dissimula atrás da máscara do 'Ministério da Defesa'. É a recusa da explicação 'científica', onde a Ciência pontifica por trás de dogmas quase religiosos. É a insubmissão à Religião onde esta não liga mas separa e apela para a intolerância. É, enfim, tudo o que faz dizer 'não' diante do que hipnotiza... E ser-vos-á fácil compreender que o hipnotiza é, evidentemente, tudo o que incita a fazer crer que o bom senso reina onde nos encontramos. É também o que proporciona a sensação tranqüilizadora de poder dizer o que é Luz e o que não o é. Entretanto, amigos, o que, em verdade, tem o rosto da Luz, o que se pode chamar de espiritualidade, não seria, pura e simplesmente, o que é humano? Quantos homens e mulheres que têm pretensão a uma verdadeira espiritualidade não se comportam nem mesmo como humanos! Quantos são os que votam um culto inconsciente à 'guilhotina mental'?

"O Princípio do Fariseu está sempre vivo. É um princípio eterno que tampouco combina com o fermento feminino que vem renovar este mundo. O conformismo hipócrita que ele subentende semeia uma boa consciência estagnante, a qual não podeis deixar crescer em vós a partir do momento em que convidais a Luz a sentar-se à vossa mesa.

"Se é, portanto, essencial que o povo das mulheres entre na plena posse de seu papel reformador sem mais tardar, também é importante que o dos homens aceite o despertar da Mulher nele.

"Tudo isso não tem nada que ver com os meandros da sexualidade. Estes últimos não passam de uma tradução anárquica e, não raro, dolorosa da transformação que evoco.

"Vossa humanidade quer simplesmente dar à luz um pouco mais a parte feminina do seu ser. Isso diz respeito seguramente, aos dois sexos, embora não dê a supremacia de nenhum deles, pois visa o equilíbrio de ambos. Essa afirmação pode parecer uma certeza vulgar num domínio em que muito já foi dito. Entretanto, mais uma vez, entre a idéia e a passagem ao ato existe uma ravina que precisa ser transposta. É vossa tarefa realizá-lo onde viveis, onde trabalhais.

"Os Irmãos essênios que tanto alimentaram os pensamentos e os atos de Míriam de Magdala deixavam expressar-se neles boa parte do Fogo feminino. É o que os tornava, ao mesmo tempo, perturbadores e eficientes. Muitos hoje estão de volta, disseminados por todo o mundo. Pouco importa a cada um saber se outrora envergou a túnica branca. Eles, aliás, não constituem uma elite, pois esse termo nada significa diante da Eternidade. Eles formam antes um fermento invisível entre outros fermentos oriundos de outros fornos. O ideal e o engajamento deles geram continuamente uma energia poderosa, uma forma-pensamento coletiva a que damos o nome de *egrégora*. Essa força os liga e junta nos planos sutis em um 'colégio', ainda que seus encontros físicos sejam pouco freqüentes. Cada qual pode ligar-se a essa egrégora se sentir seu apelo no fundo de si. Mas atenção... perceber esse apelo no fundo de si não é, por certo, sentir-se 'chamado' no sentido egótico do termo. A noção de 'eleito' é um contra-senso.

"Tomai cuidado para não vos incluirdes no número desses 'humildes servidores' que proclamam a plenos pulmões sua humildade, seu 'essenismo' ou seu 'catarismo' de outrora. O Fogo feminino é realmente subterrâneo. Se lhe acontece, às vezes, mostrar-se à plena luz do dia, é justamente para reviver as lembranças, cantar o Amor em outra melodia, ainda mais ampla, e sacudir suas comodidades. Uni-vos, pois, a essa egrégora. Não temais, ainda que isso conduza vossos passos para uma zona de confusão. No vosso mundo as mudanças profundas são inevitáveis. Se o convidais em vós, procurando pousar em tudo um olhar mais puro, mais afetuoso e não-dualista, sereis tanto menos abalados quando essas mudanças ocorrerem abertamente nas vossas sociedades. Nessa oportunidade, deixai-vos levar pela onda, não luteis contra ela. Seu avanço ou seu recuo não dependem da raça humana, senão da Vontade e do Sopro Divinos. É a força do Eterno que expressa o seu jogo, e vós não podeis ir contra ela, pois então será contra vós mesmos que vos erguereis.

"Como ligar-se à egrégora essênia da reforma? Em primeiro lugar, cultivando a vontade de ser detonadores para todos aqueles que encontrais. Em seguida, deixando o bálsamo da Mãe divina agir através desse detonador. Que digam os outros que entrarem em contato conosco: 'Este é diferente. Por quê?'... E que a resposta seja, invariavelmente: 'Ele vê mais longe, ele ama mais amplamente.'

"O estado crístico ou búdico, que representa o último ponto de busca mais ou menos consciente de cada um é, por força, um estado detonador. Reclama um nível de compreensão e realização que abala, revelando outra lógica.

"Eis um exemplo muito concreto", prosseguiu a voz. "Acontece, às vezes, que um ser vos retira a sua amizade ou o seu amor... O funcionamento 'romano' da nossa sociedade, a lógica do papagaio ou do cordeiro, que vos prender aos velhos princípios daquele, vos ditam quase sistematicamente que priveis, por vosso turno, esse mesmo ser da vossa amizade ou de vosso amor. É como um reflexo, e é também a primeira aplicação da lei de talião. 'Não amo fulano porque ele não me ama.' Cada qual já teve uma reação infantil dessa natureza, um trancamento desse tipo. Digo trancamento porque ele encerra o indivíduo num círculo fechado. Coloca-o num universo hermeticamente cerrado, do toma-lá-dá-cá e de um regateio de que ele não sai, visto que a sociedade afiança a sua reação. É esse gênero de atitude que nos sufoca quando a agarramos, apesar de todos os pesares, seguros do nosso direito. Ela gruda na pele como um patrimônio genético.

"O Princípio que vem abalar as certezas dessa Terra sugere que se rompam essa corrente e todos os condicionamentos que ela ilustra. Fazendo-o, propõe uma chave de acesso à serenidade. Mas quereis realmente desentulhar o caminho para obter sua compreensão? Há lugar suficiente em vós — e suficiente audácia também — para acolher esse aspecto inovador do Fogo feminino? Não tratamos aqui, simplesmente, de um reboco de fachada. É muito mais uma questão de reformar toda a vossa casa. Não vos esqueçais que sois o arquiteto da vossa vida, do vosso espaço interior, e o co-responsável pelo espaço do mundo. Sois vós que demarcais, que traçais, que edificais. A vida e a felicidade se detêm onde vós decidis que se detenham.

"O Princípio de Míriam faz de cada um o seu próprio capitão. É por esse motivo que ele não pode falar aos que se consideram eternas vítimas. Sua finalidade é revelar o Humano em cada homem, estimulando-lhe a força de autonomia e a raiz divina.

"Sua finalidade é igualmente desde já conclamar as primeiras bases da androginia passada e por chegar. Míriam de Magdala e a comunidade essênia mostraram-se intrépidas anunciando precisamente, a seu modo, esse equilíbrio primordial que o avanço dos Tempos nos sugere mais uma vez. Eles eram os herdeiros de Ísis, a Instrutora subterrânea e 'obscura', no sentido 'secreto' do termo, do antigo Egito.

"O Fogo de Ísis é sempre um fogo conspirador. Manifesta-se como uma força que trabalha tudo na base, onde, geralmente, há dor porque há rigidez. Entretanto, sua conspiração não assume nunca o aspecto de um complô urdido por alguns, pois ela nunca é o fruto de uma mecânica mental. Não vejais, portanto, em sua ação a conseqüência de uma montagem intelectual que vise instalar um poder no lugar de outro. Ela é sagrada na sua essência uma vez que, através do questionamento e do abalo que ele suscita, ela deixa florescer o livre-arbítrio. Confessemos que é preciso ser um tanto ou quanto equilibrista para entender e aplicar seu ensinamento.

"Se as minhas palavras encontram eco em vós é, sem dúvida, porque há, precisamente, algum talento, alguma confiança e algum instinto de equilibrista no fundo do vosso coração. A partir de agora, não vos detenhais diante das palavras nem dos seminários em que estamos 'entre nós' ou entre 'iniciados'. Vosso mundo está morrendo por causa dessas famílias de 'iniciados' nas quais continuam a usar as palavras umas contra as outras, fazendo, em última análise, o jogo de uma sociedade mentirosa.

"Se o aspecto transformador do Fogo feminino significa alguma coisa para a vossa alma, não importa o que fordes, vós vos transformareis em canal e, portanto, sereis responsáveis. Responsáveis não somente nas idéias que expuserdes mas também, e talvez sobretudo, no vosso comportamento econômico, social, político, religioso ou espiritual.

"O olhar e o coração de Aquário, que se anuncia, englobam tudo. Aquário compreende que nada é essencialmente impuro. Tende a certeza de que nada nele grita 'eu sei'. Pelo contrário, ele murmura: 'aprendei, experimentai, vivei'.

"Os mestres fazem a primeira página da mídia a cada dia que se levanta. Eles continuam a recitar a filosofia na qual o vosso universo afunda como em areia movediça há centenas de milênios. Não vos entregueis a eles de pés e mãos amarrados. É o vosso coração, a vossa alma, o vosso espírito que têm todo o poder sobre a vossa vida. Nascestes para aprender, espalhar e ensinar o Amor. Nessas condições, todas as passagens de nível nas quais o vosso mundo vos faz acreditar não poderão ter domínio sobre vós a partir do instante em que perceberdes a trama hipnótica e a vaidade.

"Quando fordes plenamente conscientes de tudo isso, nascerá uma nobreza natural na vossa maneira de ser e de agir... Então também não tornareis a perguntar 'o que devo fazer?', porque a resposta será evidente."

Capítulo Cinco

"Minha Palavra é Revolução"

Os desígnios do Mestre nos conduziram nesse dia pela estrada que levava de Jericó a Jerusalém. Um caminho árido, que serpenteava na cascalheira do deserto da Judéia, lá onde a montanha é encandescida pelo sol. De manhã bem cedo, tínhamos deixado as margens do Jordão a fim de nos aproximarmos o mais depressa possível de Betânia. A lembrança da nossa colunazinha, que marchava com passo vivo trocando alegremente alguns comentários, permanece claramente impressa em nós.

Algumas tâmaras recentemente colhidas no último palmeiral que havíamos encontrado circulavam de mão em mão. Éramos uma trintena de almas que aprendiam também a viver o dia-a-dia e, sem dúvida, muito pouco conscientes da felicidade de que ainda gozavam.

O Mestre gostava de gracejar e no-lo fazia saber assim que se apresentava a ocasião. Lembro-me de que esse traço de caráter havia estranhamente feito surgir, em dois ou três de nós, algumas dúvidas sobre a sua missão divina. O amor da alegria às vezes o humanizava demasiado aos olhos de algumas pessoas. Nada disso escapava Àquele que nos guiava e, por isso mesmo, lhe acontecia amiúde converter isso em matéria de ensinamento.

Nessa manhã, precisamente, viu bem que alguns se agradavam pouco, mais uma vez, do riso que ele gostava de fazer viajar conosco. Estacando de repente na beira do caminho pronunciou estas palavras:

— Acreditais que meu Pai tenha sido sério quando criou este mundo, assim como todas as coisas à sua superfície?

No momento ninguém lhe respondeu, tanto a natureza da pergunta era inesperada para o nosso grupinho. Quantos dentre nós não estavam ainda impregnados das doutas e sentenciosas lições com as quais os sacerdotes, desde sempre, lhes vinham martelando os ouvidos! O Eterno era um Ser sério, evidentemente...

Enquanto repetia a pergunta pela segunda vez, o Mestre se dirigiu mais particularmente a Moshe, homem atarracado, de aspecto austero e olhos de brasa, que se mantinha sempre um pouco afastado de nós.

— Não — disse ele enfim —, não vos enganeis... Tudo isso é um jogo! Meu Pai gerou este universo e nos gerou também por brincadeira. O Amor divino é uma alegria, vede bem... uma dança infinita. Se nós não a vemos, se não participamos dela com felicidade, nós sofremos, meus amigos... O jogo é a própria natureza do Ser profundo. É a Imaginação sagrada, a força pela qual todos crescemos. Para ele, a seriedade é uma máscara que faz de nós espectadores passivos da ronda da Vida... Debaixo dessa máscara, a ferrugem se deposita em nós. Não a sentis agir de uma maneira hipócrita? É a dança recusada de contínuo que dá rugas a vossa alma... e não o número de posições realizadas.

"Assim, toda vez que o vosso coração conhece o riso, o que há de mais verdadeiro em nós se exalta e abebera numa Fonte da Juventude. Eu vos digo, um ensinamento que semeia sementes de austeridade e tristeza não reflete a Palavra de meu Pai, mas a atraiçoa. Sabes tu, Moshe, eu preferiria ver a alegria saltar da tua boca a ouvir aí a recitação das leis divinas... O Amor que toma corpo é muito mais belo que o que sugerem com sofrimento algumas palavras."

Os lábios finos de Moshe tentaram desenrugar-se e esboçar um sorriso e, logo, sua cabeça oscilou suavemente em sinal de aquiescência.

— Sim, Rabi — murmurou ele em voz baixa.

— E eu digo não. Não, Moshe. Não quero que estejas de acordo. Quero que vivas o acordo. Não comigo, mas o acordo contigo, com essa centelha de alegria que é a vida em ti. É a tua carne que deve lembrar-se, e não o que se agita na tua cabeça.

Cumpria avançar e retomamos a estrada com passo estugado. Atrás de nós, Moshe retomou o lugar habitual e vimos que ele retinha lágrimas. Sofríamos pela sua alma, mas sabíamos que ela aprendia... e a nossa também.

Em dado momento, a estrada começou a serpentear entre abas da montanha. A sombra era rara e, dali a pouco, a nossa única preocupação passou a ser alcançar um abrigo de rocha de cuja existência tínhamos conhecimento e do qual ressumava sempre um fiozinho de água fresca.

Quando chegamos à altura dele, uma surpresa nos esperava. No fim da rampa que conduzia à entrada, atrás de um grande bloco de pedra, quatro cavalos estavam amarrados. Estes se puseram imediatamente a relinchar, ao passo que uma tropa de uma dezena de homens, com armas na mão, saltou fora da gruta.

O Mestre não alterou de maneira alguma o seu avanço, nem pareceu surpreso. Furando o silêncio, uma voz rouca dirigiu-se ao nosso grupo.

— Olá todos vós! Quem sois? Continuai a vossa caminhada!

— Acaso nos recusarias um pouco d'água?

O Mestre nos fez sinal para permanecermos onde estávamos, a poucos passos do homem que apontava para ele um grande facão e cuja voz ressoou de novo na montanha.

— Vamos, quem és?

— Com que, então, não me reconheces? Lembra-te... Nós pescávamos, às vezes, juntos, no lago, em companhia de alguns outros; éramos ainda muito jovens...

O homem, de estatura imponente, não disse mais nada. Parecia procurar em si com uma intensidade toda particular. Vimo-lo, afinal, embainhar a arma debaixo do cinto de tecido vermelho.

— Ah — disse ele quase embaraçado —, quer dizer que és tu. És tu aquele que se tornou rabi. Agora te reconheço. É a providência... meus companheiros e eu estávamos justamente à tua procura.

— Também foi por isso mesmo que vim... Eu também te procurava.

— Tu me procuravas?

— Eu vos procuro a todos... Deixarás agora que matemos a sede?

O homem do cinto vermelho fez um sinal com a mão aos companheiros, que permaneciam afastados; em seguida, com ar desajeitado, tentou ajustar um pouco melhor a túnica curta, embranquecida pela poeira.

Abandonando um grande tronco de árvore seca que nos servira de baluarte ilusório, transpusemos os poucos metros que nos separavam ainda da entrada da gruta. Para nossa surpresa, o ambiente pendeu rapidamente para a distensão. Não éramos nós do mesmo povo, num lugar em que a sombra e a água eram sagradas?

Enquanto trocávamos algumas palavras sem importância, o Mestre sentou-se numa grande pedra e enxugou suavemente a testa. O homem de cinto vermelho permanecia de pé. Com a expressão sempre embaraçada, parecia esperar palavras que não vinham mas que lhe enrugavam a testa.

Como para ajudá-lo, o Mestre rompeu o silêncio que começava a instalar-se entre eles.

— Então, me procuravas... Teu irmão se chama mesmo Barrabás, não é?

— Sim, Rabi — respondeu vivamente o homem. — Sim, e eu te procurava porque já faz muito tempo que as coisas estão mudando... Não crês nisso?

— De que coisas estás falando?

— Ué... das coisas... de tudo o que acontece! Os estrangeiros estão em toda parte! Já não somos os donos da nossa casa... Ninguém mais dá um passo sem topar com os exércitos de Roma. Vai a Jope... daqui a pouco não avistarás mais do que as suas galeras e embarcações de comércio. Não podes dizer o contrário.

— Ouço-te falar como há vinte anos, meu irmão. E daqui a vinte anos usarás ainda a mesma linguagem?

Sob o domo da gruta, onde as conversas já se animavam, todos acabaram calando ao ouvir essas palavras saírem da boca do Mestre.

— Que queres dizer, Rabi? És tu, tu também daqueles que encontram algum interesse no fato de Roma ditar sua lei? Não posso acreditar nisso... A ordem das coisas não te satisfaz, a ti também. Em toda parte se diz que irritas...

— Eu irrito aqueles que não têm ouvidos para ouvir, e eles são numerosos, com efeito. E tu, tens ouvidos?... porque não me respondeste. Daqui a vinte anos usarás a mesma linguagem de hoje?

— Parece que não me compreendes bem, Rabi. Eu não sou daqueles cujo coração varia. Meus compromissos não se curvam, podes estar certo... Aliás, quero que todos aqui sejam testemunhas!

Dizendo essas palavras, o irmão de Barrabás fez ressoar sua voz com arrogância em toda a entrada da gruta.

Imediatamente, aqueles dentre nós que ainda murmuravam se calaram e, logo, acabaram por juntar-se aos outros, em torno da silhueta branca do Mestre e do seu interlocutor. Quanto a este último que, segundo viemos a saber, se chamava Natã, o zelote, ele se acocorou e pôs-se a fixar intensamente a assembléia como se quisesse encontrar nela uma aprovação.

— Então, meu irmão, falas de coração onde tua mão semeia o crime... Não é estranho isso?

— Poupa-me a tua filosofia; não foi por ela que meus companheiros e eu temos esperado este encontro. Serei direto; temos precisão de ti para uma grande rebelião. O povo te escuta, tu o subjugas com tua simples presença... Mas eu tenho a força e a determinação. Dizem que és da família de Judas e filho do antigo sacerdote do templo de Hélio em Jerusalém.* Se o quiseres, amanhã governarás a nossa terra e lhe imporás tuas idéias. Não estás farto de te dirigires a alguns punhados de homens e mulheres e de

* Essa foi, com efeito, uma das funções de José.

fugir dos soldados? Eles serão milhares e milhares a seguir-te, e eu poderei estar ao teu lado com outros milhares... Reflete, Rabi, não imporás a tua paz curvando as costas!

— Mas quem está falando em impor? Minha vontade não é a minha vontade e os exércitos não são a minha preocupação...

Uma espécie de resmungo surdo se fez ouvir no peito de Natã, ao mesmo passo que o seu olhar se endurecia. Não lhe deixando a possibilidade de continuar reagindo, o Mestre retomou incontinenti o seu discurso.

"Desde que estou de volta a este país, não cesso de observar-vos a ti e aos outros Iscarii* disseminados por toda parte. Vejo até que ponto alimentais os métodos e a determinação de Roma. O gládio chama o gládio e o reforça, meu irmão. Não te iludas... não é de libertação que falas, mas de dominação e sujeição."

Natã levantou-se de um salto, sem saber visivelmente o que dizer. Ao cabo de um instante, enfim, conseguiu balbuciar algumas palavras.

— Segue o teu caminho, Rabi, insultas o nosso ideal de liberdade...

— ... O meu caminho passa por ti; não faço outra coisa senão segui-lo. Vês de que modo o Eterno nos colocou na presença um do outro? Quanto ao insulto, ele é estranho ao meu coração. Digo-te apenas que tu não serves a liberdade, mas consolidas os teus ferros. Escuta-me bem... Roma não é a Roma que vês, com suas galeras, suas legiões e seus Procuradores. A verdadeira Roma é o reino sofredor e ressecado que todo homem alimenta em si. É uma terra em que os apetites nunca são saciados e onde todas as águas são envenenadas. É a terra imaginária dos que esqueceram sua marca de nascimento. É a mecânica da bestialidade e da inveja.

— ...E os teus, suponho eu, não habitam este mundo!

— ...Sois todos meus, Natã... os que vês aqui a meu lado, tu, teus companheiros e a multidão inumerável dos que vivem nesta

* Iscarii outro nome dado aos zelotes.

Terra. Sois todos meus, ainda que jogueis com a moeda cunhada em Roma. Sois todos meus, não porque me pertenceis, mas porque o vosso coração e o meu coração são Um e porque o Sopro que os faz bater não nasce neste mundo.

O homem de cinto vermelho desatou numa grande gargalhada e levou maquinalmente a mão ao facão, como se quisesse encontrar apoio nele. Vendo isso, alguns companheiros seus, sentindo-se seguros, tentaram imitá-lo. Os risos destes últimos, todavia, soaram falso e não puderam ser alimentados por muito tempo, pois o silêncio recaiu bem depressa sob a abóbada rochosa. Ouvimos por um instante sua profundidade, embora um pouco inquietos com a feição assumida pelo encontro. Finalmente, o Mestre, com largo e sereno sorriso, prosseguiu na sua fala.

— Gosto de teu riso, irmão, porque ele não é morno e reflete o fogo da tua alma. É por isso também que tu és meu. Lá onde o meu coração tem a sua fonte, a Vida é inteira, não se exprime pela metade. Só é fértil o terreno que não se economiza. Dás tudo o que as tuas mãos podem agarrar e está bem assim. Deixa-me agora falar-te...

"O que chamas de libertação, Natã, não é outra coisa senão revolta. Outra revolta... Uma rebelião entre dez mil outras na superfície deste mundo. O cinto vermelho e o facão contam eternamente a mesma história desde os tempos mais antigos... e eles balbuciam sempre a mesma dor, enquanto a quantidade esgotante das lutas não tiver dado lugar ao maremoto da Revolução.

— A Revolução? Fala, Rabi! — atalhou Levi, que, encostado ao rochedo, saiu de repente de sua reserva.

— Sim, fala... — insistiu Natã que se agachara de novo diante do Mestre e arranhava nervosamente o solo com a mão direita.

— A verdadeira Revolução, meus amigos, é evolução... Mas compreendei-me, ninguém evoluirá se não fizer outra coisa senão mudar, segundo as estações, as palavras da mesma canção. A evolução de que falo é a substituição de uma melodia por outra. Não é certamente uma mudança de refrão ou de ritmo. Por ora, os exércitos de César batem o compasso do que conheceis da canção da Vida. Elas possuem o tambor, ao passo que vós sentis entre as mãos apenas uma frágil flauta. Que é isso, em verdade? Em verdade, não sonhais senão em possuir vós mesmos o tambor. O que pensais ser revolução não passa de cobiça. Fazeis parte da Roma terrestre e estareis no número de seus legionários... à vossa própria revelia... enquanto não tiverdes percebido e apreendido a chave da verdadeira Revolução.

— ... E a verdadeira Revolução é a tua, não é mesmo? — retrucou, irônico, o zelote.

— Na verdade, é a do Homem!

— Estás zombando, Rabi... Fala claramente.

— É a do Homem, ou seja, do Homem real que espera em cada um de vós... visto que ele ainda não nasceu. Vós todos, meus amigos, tereis todos de vir... e foi ao vosso nascimento que vim presidir.

— Eu, da minha parte, digo que a tua revolução não passa de uma reunião vazia de idéias e palavras. O que nós queremos é respirar um ar que não seja viciado pelo ar de Roma, eis tudo!

— Quando já não houver Roma para habitar teus pensamentos, será Alexandria ou Cartago... até o dia em que tu mesmo terás vontade de apropriar-te das riquezas de Antioquia. Não, como vês, a única libertação, a única revolução que existe é a Revolução do olhar. Podes subverter o mundo de acordo com o modo com que tua alma fixa nele o seu olhar. O que há em teu coração se escreve, mais cedo ou mais tarde, fora do teu coração e se divulga inevitavelmente pelo mundo. Essa é a chave que te falta. Não falo de fraqueza nem de aceitação passiva, nem da tolerância na qual sufocamos nossas próprias aspirações. Falo, pelo contrário, da força verdadeira. A do Amor, que subverte tudo. A Revolução do Amor, afirmo-te, é a única que o homem desta terra ainda não empreendeu.

— Queres, assim, que eu ame Roma! Queres que eu ame quantos nos enviam para melhor nos sujeitar!

— Quero que sorrias para quem te bate e que o teu sorriso seja determinado. Quero que, se a vida te levar a ti mesmo a bater para proteger os teus, haja também o mesmo sorriso no teu gesto. Dizes que eu sonho, Natã, mas podes ter a certeza de que o que chamas realidade é, em primeiro lugar, fruto de um sonho.

"Meu Pai não me enviou para vos adormecer, mas para despertar em vós um sonho de Revolução verdadeira. A Roma eterna se denomina também Babilônia eterna. Ela só é povoada de mercadores ávidos de lucro. Queres a liberdade, mas não se amoeda a liberdade, pois ela não é adquirível. Não é um estado de poder, mas um estado de potência, ou seja, um estado de ser. Um soberano que exerce o poder acredita, sem dúvida, que está governando mas, em verdade, permanece escravo daquilo que ele não é. Corre sem cessar em busca de uma liberdade que não possui de maneira alguma, em busca de um poder que ainda não domina. O homem que exerce sua potência é, no que a si se refere, soberano entre soberanos. Seu coração e seus olhos não conhecem fronteiras porque ele está centrado em meu Pai, que vive nele. É assim que se realizam os prodígios e que a flor se revela na espada."

Natã deu de ombros e se ergueu, soltando um suspiro de despeito.

— Teu mundo não é o meu, Rabi — disse ele, irritado.

— De nós dois, meu irmão, eu sou bem o que carrega a espada. Tu o sabes mas, como todos esses homens, teu apetite de poder ainda não se cansou suficientemente da sua própria existência. A insubmissão que evoco não provoca um levantar de escudos, mas exatamente o contrário: um abandono de todos os medos. A necessidade de comandar, de controlar, é sempre a confissão inconsciente de um medo! Se César vigia nossas estradas é porque tem medo de perder esta terra... E tu te pareces com César, pois sonhas controlar as mesmas estradas. Como cada um neste mundo, tens medo de que não te amemos... por isso a força que te faz rebelar-te não gera o Amor, mas faz nascer o medo.

— Segue definitivamente o teu caminho, Rabi — replicou Natã, elevando o tom de voz. — Quem não é temido não pode reorganizar as coisas.

— É bem o que te digo, meu irmão... procura o Procurador e oferece-lhe o teu facão, que o mesmo sangue corre em vossas veias.

Houve um rumor na assembléia, que aumentou quando o chefe zelote, com os lábios apertados e bêbedo de cólera, levou uma das mãos à cintura como se quisesse assegurar-se da presença de sua arma.

Quanto a ele, o Mestre se havia erguido suavemente e fitava tranqüilamente os olhos do homem.

— Quero curar-te, Natã — disse ele em voz baixa e abrindo a palma da mão direita sobre o coração. — Entretanto, vê tu, o terapeuta começa freqüentemente fazendo sofrer ao tocar numa ferida.

O homem de cinto vermelho foi incapaz de pronunciar uma só palavra, e todos lhe vimos a mão continuar, aos tateios, a procurar a arma. Finalmente, encontrou alguma coisa pendurada na cintura e que arrancou de todos nós uma exclamação. Em lugar do facão, não havia ali nada mais que um ramo de oliveira. Este último, que dava a impressão de ter sido recém-colhido, acabou de mergulhar Natã numa perturbação inverossímil. Num instante, cada qual compreendeu o que acabava de acontecer, de modo que a nossa companhia foi tomada imediatamente de uma excitação incontrolável.

Não éramos mais que uma única família de homens e mulheres que não sabiam o que dizer e se lançavam aos pés do Mestre. Os próprios combatentes zelotes figuravam entre os primeiros que se deixaram abalar. O seu chefe saíra imediatamente da caverna a fim de parecer ocupar-se dos cavalos. Havia desespero em seu olhar, como se a sua vida, sua razão de ser, se achassem em perigo.

Então a grande silhueta branca do Mestre se aproximou tranqüilamente dele e lhe falou por alguns instantes. Não captamos coisa alguma dessa conversa. Por trás da longa cabeleira d'Aquele que nos guiava apareceu, em dado momento, o rosto do chefe zelote: estava tão pálido que acreditamos que o homem fosse desabar... depois sua testa se enrugou e serenou... Por fim, com as pernas mal seguras, o irmão de Barrabás montou no seu cavalo e chamou os companheiros. Tentamos saudá-los como convinha, mas a emoção ainda era tamanha de parte a parte que nos separamos sem dizer mais nada. Os cavalos relincharam, a tropazinha dos combatentes se esforçou por descer rapidamente a ladeira e, logo, desapareceu da nossa vista atrás de um grande rochedo.

Foi assim que nos revimos sós na entrada da gruta, não sabendo exatamente se devíamos regozijar-nos ou entristecer-nos com o encontro.

— Está tudo bem — disse afinal o Mestre, que lia à vontade em nossos olhares. — Somente quem cochila pode gerar a dor. Esses homens exploram um caminho que a alma deles ainda não acabou de percorrer. Não penseis neles como vos vejo fazer. Ignorais se eles não servem os desígnios do Pai tanto quanto vós procurais fazê-lo. Vede bem, nenhuma terra é tão árida que nos faça tirar-lhe o ensejo de produzir. Basta somente perceber-lhe a função e não privá-la dela. Basta indicar-lhe o de que ela é rica. É o meu papel; já é o vosso também e o dos que quiserem falar em meu nome. Não existem de maneira alguma caminhos falsos, e o impasse é um absurdo. Existem apenas itinerários cujo significado não apreendemos e que não percorremos totalmente... Podeis estar certos, é sempre a ternura e a compaixão que vos esperam no fim do caminho.

Tomamos a lição como ela se apresentava e resolvemos, de comum acordo, pernoitar ali a fim de partir de novo, tranqüilamente, no dia seguinte, aos primeiros alvores da madrugada.

Naquelas montanhas desérticas, conhecíamos o frescor de certas noites e por isso nos pareceu útil pormo-nos à procura de um pouco de lenha, prevendo a necessidade de uma fogueira. Cada qual percorreu, portanto, alguns trechos pedregosos do terreno na esperança de trazer os restos ressecados de um espinheiro ou um galho oferecido pela Providência. Não nos decepcionamos e o fim do dia organizou-se em torno do Mestre, que nunca se esquivava pessoalmente das ocupações menores.

Lembra-me haver ouvido um ruído de pés que caminhavam sobre a pedra atrás de mim, enquanto eu recolhia alguns galhinhos. Era ele. Com ramos na mão, me observava com aquela espécie de olhar que revira a alma e atravessa os séculos. Ele não disse uma única palavra, pois seguramente não havia nenhuma necessidade disso. Tudo já havia sido dito tantas vezes! Dir-se-ia que os seus olhos me procuravam, exatamente para gravar um pouco mais profundamente o que devia ser gravado.

Quando a noite lançou seu véu sobre todos nós, um belo braseiro crepitava diante da entrada da gruta. Não havia mais nada para comer, mas essa era a menor das nossas preocupações. Havíamos disposto nossos mantos de lã debaixo de nós e, assim reagrupados ao calor das chamas, esperávamos a felicidade de um ensinamento... Mas tudo não era ensinamento? O próprio aguardo das palavras do Mestre se convertia em ensinança, de tal modo ela assumia a aparência de um espelho onde se refletia cada uma de nossas fraquezas. Esses momentos de solidão interior, mas também de esperanças, eram outras tantas interrogações que nos obrigavam à honestidade mais completa.

Seria o Espírito que se agitava em nós e nos levava a seguir cegamente esse rabino desconcertante, ou algum gosto sutil de poder, gosto do elitismo, bafio disfarçado do obsedante egocentrismo?

Esse "eu" não é como os outros... esse "eu" está fora das normas porque compreende, porque compreendeu quase tudo. Quase! Mas esse "quase", nos momentos de lucidez, queria dizer "absolutamente nada"... pois o Amor que não se espalha totalmente, sem fazer cálculos, ainda não é o Amor. Ainda não!

Foi João quem, nessa noite, sem dúvida traduziu melhor os nossos pensamentos.

— Mestre, dize-nos... — atalhou ele num tom mais bem-humorado, ao passo que sua cabeleira meio longa flutuava ao sabor do vento que se levantara. — Se não compreendemos tudo... na verdade, nada compreendemos!

— Tudo? Mas sabes, por acaso, o que quer dizer *tudo*? Esse *tudo* realmente não existe, João. É uma idéia, um projeto divino que cresce, cresce ainda e sem cessar. A própria Vida não sabe sequer o que é exatamente esse *tudo*. Ela viaja na direção dele, eternamente, como tu caminhas para o horizonte que parece fugir. Ela tenta inventá-lo a cada instante aprendendo através de ti, através de mim e através de todos nós. Se achas que é preciso compreender *tudo* para chegar a meu Pai, é simplesmente porque colocas o Conhecimento fora do teu coração. Na verdade, o grande livro da Vida é menos para ler do que para experimentar, inventar e aperfeiçoar perpetuamente.

— Aperfeiçoar a perfeição, Rabi? Eu me perco no meio das tuas palavras...

— Isso porque achas que são palavras! palavras... A perfeição é semelhante a uma flor cujo botão não acabou de desabrochar. Uma pétala esconde sempre outra que mal começa a se desenvolver, e isso sem cessar, além dos tempos e dos tempos. A verdade, a perfeição e o Todo exigem uma revolução constante... Então, visto que tendes sede dessa Verdade e que o vosso caminho passa inevitavelmente por mim, ficai sabendo em plena consciência que a minha palavra, na sua essência, é *a* Revolução. Se vos abrirdes para ela e não vos detiverdes na casca das palavras que a recobrem, compreendereis que ela jorra para fora dos sulcos do passado e das areias movediças do hábito.

"Quando duas vezes mil anos se tiverem escoado e a Pomba se preparar para impregnar a Terra, estareis tão cansados de reproduzir as mesmas revoltas que as vossas resistências cairão uma depois da outra. Enfim, vós vos mostrareis capazes de receber minhas palavras... Não como uma lembrança que sobe do passado, mas antes como uma força viva. Elas se terão tornado então vossas palavras, vosso viver e vossa revolução. Já não procurareis converter, assim como o desejais hoje, senão ser braseiros de transparência, reveladores do Tremor do ar... onde estareis. Nessa época, com certeza, podereis convencer... mas não converter. Não existe outra conversão além da autoconversão... Eis aí uma coisa que não deveis esquecer jamais! É um problema que cada qual deve resolver consigo mesmo. A felicidade do mundo, meus amigos, depende da felicidade de cada um; é o fruto inevitável da autenticidade com a qual cada um volta a achar-se na verdade!"

— Que queres dizer, Mestre? — interveio mais uma vez João, acariciando com a mão a barba muito leve que lhe sublinhava o queixo. — Não posso acreditar que a felicidade individual cria a felicidade do mundo. Isso contradiz tudo o que nos ensinas desde sempre. Isto se opõe ao modo com que tu mesmo vives... Todo dia nós te vemos dar, oferecer e nunca te preocupares com atingir o mínimo para ti. Essa felicidade de que nos falas não nos parece que a conferes a ti mesmo!

Em torno da fogueira houve um como movimento de aquiescência, um desses movimentos que o Mestre gostava de ver propagar-se entre nós e que eram a prova viva da independência de espírito que ele cultivava em cada um. Num gesto rápido, ele se levantou e, logo, com um largo sorriso, nos deu a impressão de que mergulhava no mais profundo de nossos olhos. Era a sua maneira habitual de dilatar "qualquer coisa" a mais em nós.

— É aí, precisamente, onde digo que semearei a Revolução em vós, meus amigos... Ainda não podeis perceber a felicidade de que vos falo a não ser sob o aspecto de um conforto, de uma satisfação tranqüila da consciência, ou ainda de um estado de não-guerra. O problema está aí... e aí ficará enquanto não compreenderdes que a solução está fora das noções de perda e aquisição. A felicidade é um estado de oferenda no qual já se banha constantemente a parte mais pura do vosso ser, um estado que nunca engendra falta ou esgotamento. Trata-se de um estado de abundância do coração... e esse estado de abundância é infinito pois eu vos digo, quem o deixa revelar-se em si nada tem para defender, já que ele não se apropria de nada... e não se apropria de nada pelo único fato de que se sente e se sabe presente em tudo, dividindo tudo com tudo.

"Não reparaste em que essa felicidade é a força mais contagiosa que existe? Vós que seguis cada um de meus passos para compreender-lhes a origem, já não sois os mesmos que esta manhã."

— São tuas palavras, Rabi...

— Não são somente as minhas palavras! Desenganai-vos... É a felicidade que as impregna. Todas as coisas que executo nesta Terra têm a seguinte finalidade: fazer de modo que um dia, o mais brevemente possível, cada gesto que efetuardes, cada olhar que pousardes tenham impressa a mesma felicidade. E repito-o, fazer de modo igualmente que digam quando cruzarem convosco, quando vos escutarem "este é diferente". Fazer, enfim, de maneira que a diferença seja portadora, por sua vez, da verdadeira Revolução.

João estava tomado por uma espécie de febre da alma. Atrás da cortina crepitante das chamas que nos separavam dele, vimo-lo levantar-se como se quisesse dirigir-se a toda a nossa companhia. Entretanto, poucas palavras lhe saíram do peito. Na verdade, era antes o seu corpo quase expressava. Ele falava da impaciência, da nossa impaciência comum.

— A verdadeira Revolução... mas se essa Revolução precisa esperar ainda duas vezes mil anos, como dizes, que estamos fazendo hoje aqui? Minha alma já não pode esperar, Rabi! Desde que os profetas pisam o nosso solo, sempre se tratou de libertação... Por que tudo é sempre para amanhã?

— Achas que eu seja um profeta, João?

— Não... Tu és... Não sei...

— Eu sou Aquele que carrega a Libertação e a Revolução, hoje mesmo! Não porque o desejas, mas porque o queres... E é porque a humanidade não faz outra coisa senão desejar que ela ainda se dispõe a viver na espera... Compreendes o que estou dizendo? A Revolução, que transborda do meu coração, é, em primeiro lugar, uma questão de resolução individual. Podes destacar-te à tua vontade do imenso povo daqueles que sofrem e perpetuam a espera.

— Mas como, como? — exclamou um velho que estava perto de João. — Olha para mim, Mestre. Percorri o deserto durante toda a minha vida e ainda tenho a impressão de ser um minério bruto, que nada nem ninguém jamais poliu realmente!

— Como? Mas é tão simples, enquanto vos tornastes tão complexos...! Colocando Amor onde os regulamentos humanos vos autorizam a colocar ódio, rancor e inveja. Colocando Amor sem reservas onde a vossa lógica de homem vos manda contar, restringir e erguer muros. Eu vo-lo afirmo: a cada instante da vida, todo homem pode escolher esse caminho e colocar-se ao meu lado... o melhor lugar da Vida!

"O rei deste mundo é uma força de estagnação que tem a extraordinária habilidade de fazer amar a escravidão que ele impõe. A Roma que tanto temeis hoje não é mais que a prefiguração infantil da Roma que a humanidade carrega em seu seio e que se manifestará ainda mais quando eu voltar. Não vos esqueçais de que o tirano mais temível é aquele que se torna indispensável, aquele cujo domínio se revela reconfortante, porque por vós. Assim, a Roma de que vos falo e contra a qual tendes a obrigação de reagir já adormece seus súditos encerrando-os num mundo fechado. Ela sabe fazer amar seu sono e suas muralhas porque seus atributos encobrem facilmente os receios de cada um. 'Pensai assim, fazei assim', brada ela. 'Eu me encarrego de vossos temores, pois não sois mais do que legionários no meio de uma multidão de outros legionários... Regozijai-vos por fazerdes parte do número de meus súditos. Deixai-me governar... talvez então eu distribua entre vós alguns dos meus poderes...'"

De repente, o silêncio estendeu seu véu sobre essas palavras e cada um de nós compreendeu seguramente a vaidade de seus próprios argumentos. Quanto ao Mestre, com os olhos fitos na dança do fogo, ele mergulhou a mão num saquinho de couro preso ao seu cinto. Dele tirou um punhado de resinas que atirou com um gesto ágil sobre algumas brasas e, em seguida, se pôs a cantar. Era uma dessas melodias que, em crianças, havíamos entoado freqüente e canhestramente nas ruelas da aldeia ao aproximar-se a Páscoa. Ela era tão bela, tão leve, tão forte também que nos parecia vê-la dançar com nossas silhuetas nas paredes e no teto da gruta ao ritmo indisciplinado das chamas.

Ninguém duvide de que hoje ela não se ponha ainda a flutuar como um perfume em "alguma parte" de nós e em "alguma parte" da nossa humanidade... pois duas vezes mil anos se escoaram... pois uma Páscoa nova e muito diferente das outras se aproxima...

Capítulo Seis

O Princípio de Roma

— Que pensas disso?

A voz sem rosto reapareceu no centro de mim mesmo. Sua pergunta é inapelável. É impossível ignorá-la, pois existe nela a força da gravidade e também a força desarmante do sorriso.

— O que devemos pensar disso?

— Não... O que *tu*, o que *cada um* de vós pensa disso?

Ela parecia divertir-se ao articular, muito distintamente, essas palavras.

"Tu te perguntas ainda quem sou eu para me imiscuir sempre assim em ti... Eu sou... um murro e uma carícia. Eu sou... qual uma pomba portadora da revolução. Isso não basta?"

— Dize-me, então, é preciso viver? É preciso agir? As imagens que todos os dias recebemos do mundo nos fazem oscilar entre uma resposta e a outra. Que nos sugeres? Precisamos levantar-nos e empenhar-nos diante das aflições ou permanecer em nós mesmos e orar?

— Por que opor o dia à noite? O que é o dia e o que é a noite? Dize-me! Sem um, o outro nada significa. A resposta está na crisálida... Se vos mantiverdes sempre sobre o fio da metamorfose, a pergunta já não terá sentido... Em vós se esposam o terrestre e o aéreo. O ser chama o agir, e reciprocamente. A pessoa que medita e que não gera *a* Revolução se parece com uma terra estéril. Do mesmo modo, a ação justa se transforma em louvor e oração. Assim, cada instante de vida reclama a união dos contrários aparentes...

— A ação justa...

— ... não é a agitação! Este mundo é o teatro de uma intensa agitação, ao passo que tão poucos agem... quero dizer, colocam a oração na extremidade dos dedos e a Revolução no pensamento.

— Ainda essa palavra: revolução!

— Ainda e sempre, e isto sem limites! Referi-me à crisálida... Uma crisálida não vive de modo que possamos pensá-la no claro-escuro, senão nessa espécie de relâmpago fora do tempo e do espaço que tudo ilumina sem gerar sombra. O ser-crisálida permanece em constante revolução. O espírito grudado ao corpo e vice-versa, está em vigília perpétua, aberto a todas as possibilidades. Não na indecisão nem na dúvida mas, pelo contrário, na certeza de um recuo incessante e inevitável de todas as fronteiras. O Princípio de Roma é primo do Princípio zelote. Ambos são eternamente aliados, visto que um se alimenta do outro e reciprocamente. O tirano, a vítima e o revoltado são, do mesmo modo, estranhamente cúmplices. Eles vivem em cada um de nós, um por vez, oferecendo-se mutuamente argumentos e desculpas, todos em busca de poder, todos às voltas com seus medos ancestrais.

— Fala-me do Princípio de Roma...

— O Princípio de Roma é intemporal. Eu poderia dar-lhe qualquer outro nome, o nome, por exemplo, de cada um dos ditadores que esta Terra carregou e carrega ainda hoje. Eu poderia chamá-lo até pelo nome do tirano que se agita sutilmente em todo ser humano e que está na raiz do sofrimento. Na história da vossa humanidade, esse Princípio sempre se expressou periodicamente em seu ponto culminante... e eis que, de novo, vós o levais ao seu paroxismo... mas com um exagero que parece estar à altura da aposta.

"Há cerca de um século e meio que esse processo começou de maneira radical. É um mecanismo que se baseia nos meios de ação do polvo: uma cabeça e braços múltiplos, capazes de se comprometer em todas as direções. Trata-se, na verdade, de uma Organização tentacular, que pretende reger todos os domínios da vida, do íntimo ao coletivo. É uma Organização que faz das vossas incoerências seu terreno de ação. Ela vos convidou progressivamente a entrar num jogo cujo porte, cujas regras e cujo escopo ignorais. É ela quem decide das guerras e das trevas, é ela que vende as armas mas também o que é preciso para pensar as feridas. É ela que faz nomear os chefes de Estado, grande número de responsáveis religiosos, e vos diz o que convém crer ou rejeitar. É ela também que, já, decide da vossa saúde física e psíquica ao mesmo tempo que vos deixa a ilusão do gerir a vossa vida. É ela que, todos os dias, vos distrai de mil modos a fim de vos dar a sensação de poder agarrar a felicidade. É ela, enfim, que vos afasta de vós mesmos pela onipresença de seus braços falsamente protetores. Ajudando-vos a cultivar o egocentrismo, ela faz de vós um número entre outros, um anônimo a mais na lista interminável dos manipulados.

"Eis o que eu vos digo: Julgais ser livres? Mas livres do quê? De viajar da margem de uma página até o bordo oposto dessa mesma página? Aliás, tendes acaso decidido a respeito da página em apreço? Tomastes consciência de que poderíeis sair de seu quadro desde o instante em que concebêsseis claramente que ele não passa de um quadro?

"Fazendo isso, não é somente a Organização mundial do Poder e da Sujeição* que aponto com o dedo, mas também a legião de colaboradores, o exército dos fracos e indecisos, dos quais todos vós fazeis parte no vosso nível. Eu conheço os vossos argumentos: Por que evocar tudo isso? Por que assumir o risco de fazer nascer um medo a mais, ou seja, de gerar uma paranóia? Pela mesma razão que incita a criança a aprender a caminhar com o risco de esfolar o joelho. Porque o campo da Vida vos chama ao movimento. Porque a marcha é, em primeiro lugar, um movimento. Porque realizamos este último no interior de nós mesmos e porque ele é a conseqüência de uma barreira mental que aos poucos vamos derrubando.

---

* Ver *Celui qui Vient*, cap. 17, de A. e D. Meurois-Givaudan.

"Privaríeis um cego da vista a pretexto de impedi-lo de descobrir coisas feias no seu caminho?

"É verdade que não é bom perceber que talvez preferíssemos continuar a ser nós mesmos cegos num mundo de cegos... Nesse caso nós nos revoltamos e preferimos reler a mesma página, o mesmo trecho de vida pré-recortada.

"Infelizmente todo cego sabe, no fundo de si mesmo, o que é a luz, o que ela significa. Contra isso, o polvo do Poder mundial nada pode.

"O Princípio de Roma, que deixastes encarnar-se, não pode conceber em seus súditos nem a passagem para a ação nem a passagem para o existir. Ele não tolera o direito de existir a não ser nos que se ajustam ao molde do bom cidadão. Seu trono é feito de dogmas. Vede bem, a Roma histórica sempre foi a adversária feroz do Princípio Crístico, ou seja, em outras palavras, da ressurreição 'd'Aquilo que vem' em cada um. Depois de ter tentado 'a base' sufocar a Força que animava o Mestre Jesus e seus Irmãos essênios, ela deu a impressão de aceitá-la a fim de englobá-la, de viciá-la e, finalmente, de sufocá-la desde dentro... de modo que a humanidade já não se beneficia mais senão de uma imagem deformada e empobrecida do ensinamento crístico.

"Fazendo-o, essa mesma Roma histórica, que hoje se fez religiosa, revela haver-se tornado uma aliada importante do Governo de dominação mundial, cuja ação subterrânea já vos evoquei. Ela passou a ser um polvo dentro do polvo, puramente político no sentido manipulador do termo. Faz-se mister que ela vá até o fim do caminho que escolheu, exatamente como se faz mister que cada homem e cada mulher experimente o impasse pessoal de seu orgulho, do seu rosário de mentiras e de seus impulsos de poder.

"Essa Roma histórica e doravante vaticana, meus amigos, não é mais que um aspecto da força de 'Anti-Shambala' da qual todo ser neste mundo se faz fiel representante cada vez que deixa expressar-se, de modo desenfreado, o que chamamos de ego. Assim sendo, repito-o, a Roma vaticana outra coisa não faz senão conformar-se com a Roma interior de cada um. Ela imita pura e simplesmente o modelo de funcionamento do conjunto da humanidade terrestre. O Princípio de Roma é desde sempre um princípio de agitação; agitação material e emocional pela necessidade de satisfação de todas as ambições, e agitação mental, enfim, pelo detonamento da consciência do seu próprio centro e, portanto, de sua finalidade. Há mais de dois mil anos que a Roma histórica prometia a seu povo 'pão e circo'. A Roma interior, desde o começo dos tempos e até nossos dias, também não tem outro *slogan*. A bandeira do ego exacerbado continua invariável. É uma bandeira totalitária, contra-revolucionária, que pratica o sufocamento da consciência."

— Por que dizes "ego exacerbado"? Quererias dar a entender que existe um "ego tolerável"?

— Pergunta a ti mesmo...! Que moda é essa que faz do ego, sistematicamente e sem discernimento, o inimigo que precisa ser abatido? Em primeiro lugar, sabe que a Vida não tem inimigo. Ela está presente no próprio coração daquilo que chamais de morte e daquilo que chamais de erro e obstáculo. A Vida se disfarça constantemente para tirar de vós o melhor partido. Ela se reveste de mil máscaras para extrair do vosso coração a sua quintessência... a quintessência que floresce no centro dos quatro braços da cruz. A Vida tem necessidade do ego.

"Este é o seu instrumento privilegiado, o mediador incontornável e maravilhoso entre a matéria entorpecida, em busca do seu futuro, e a Supraconsciência 'd'Aquilo que existe'. Enfurecer-se inconsideradamente com o ego equivale a confessar a ignorância da função.

"Se não podeis dizer 'eu', não podeis enveredar pelo caminho voluntário e autêntico da vossa Morada; não podeis, de maneira alguma, entrever *a* Revolução fundamental. Continuaríeis a sofrer e balbuciar a mesma existência baseada nos mesmos princípios que enxovalham a consciência até prendê-la em seu visco. Entretanto, quando falo em 'ego exacerbado', falo dessa energia que voz faz pronunciar 'eu' e 'meu' simultaneamente e que, portanto, vos desvia do Amor, ao mesmo tempo caminho e meta do caminho. O instrumento de libertação, o veículo do avanço, torna-se então instrumento de sujeição e meio de estagnação.

"Vede bem, cada coisa possui o seu contrário em seu próprio seio. Somente o espírito que decidis insuflar nela lhe dá sua dimensão ascensional... Dessa maneira, vossa personalidade encarnada é sempre uma manifestação 'd'Aquele que vem' em vós. Vede-a como uma dádiva divina a mais adaptada possível às vossas necessidades... e não, por certo, aos vossos desejos. O que fazeis dela... é outra coisa. É um negócio entre vós e vós... Negócio de determinação e de Amor, ou de preguiça e egoísmo. Toda latitude vos é cedida para empreender ou não a Revolução.

"Soou, portanto, a hora de fazerdes esta pergunta a vós mesmos: Estais realmente decididos a cuidar do vosso crescimento? Haveis sofrido suficientemente, estais suficientemente apaixonados pela Luz para tomar com firmeza entre as mãos a vossa ascensão e, por isso mesmo, para participar da ascensão do vosso mundo? Estais, enfim, conscientes da necessidade de envergar sem mais delongas o barrete frígio?*

"Dizeis 'sim', sem dúvida! Mas o que é que produz esse 'sim' em vós? A mente ou o coração? A boa consciência ou a Consciência real... de uma certa urgência? Já não podeis trapacear por muito tempo com a vossa lucidez, pois os anos que vêm, depois de haver dado a sensação de fazer nós terríveis, vos constrangirão a cortar os laços em questão e, finalmente, a simplificar tudo para reencontrar o essencial.

"Ser ou agir? Por que fazeis a vós mesmos essas perguntas? A mão direita não se pergunta se a esquerda tem sua razão de existir! Certo 'intelectualismo do espírito' mina a maior parte dos meios em que nos vangloriamos de trabalhar pela Causa luminosa. O ego exacerbado aí está, desde então, cultivado como, aliás, em toda parte... e se encarrega de uma responsabilidade suplementar, já que ele não pode invocar a ignorância.

"É igualmente assim que se colocam sobre o tabuleiro de xadrez, as peças do Governo mundial. A Força Crística, que continua a ser por sua natureza a essência da única Revolução verdadeira,

* Na Grécia antiga, a barrete frígio era tradicionalmente usado pelos escravos libertos.

não pode ser contactada por meio de argumentos filosóficos. Ela requer a matéria como aliada principal, vale dizer, a implicação de todo ser na ação. 'O coração na ponta das mãos' — poderia ser sua divisa. Uma divisa que sugere instantemente o passar do *estado crítico ao estado crístico.*

"Eu sei... quando usamos essa expressão, incutimos medo ou fazemos sorrir... sorrir. Estado crístico... Significaria isso claramente que temos todos a potencialidade de atingir esse nível? Pois eu vos afirmo que sim. Cumpre ainda compreender o sentido dessa afirmação, a fim de que esta não participe da inflação do ego. O estado crístico não é de modo algum um estado imobilizado, graças ao qual todo ser que aí penetrasse seria capaz de comparar seu papel ao do Mestre Jesus, o Cristo histórico. É um estado de consciência tão afinado, tão aberto e em tal expansão permanente que não pode ser outra coisa senão compreensão, sabedoria e compaixão. O estado crístico significa um estado de transmutação constantemente comunicado a todos os níveis da vida e que viaja de si mesmo ao universo, da célula à globalidade do ser. Revelar em seu próprio coração a consciência crística não quer dizer, de maneira alguma, 'ser o Cristo'! Quer dizer, muito simplesmente, deixar todo o lugar em si ao campo de consciência indescritível que ele encarna e irradia. Significa também participar da Sua natureza e fazer corpo com Ela, espontaneamente em Sua missão ascensional.

"Sabei agora que cada um pode realizar em si tudo o que esses conceitos sugerem. A barra não é demasiado alta para ninguém. É uma certeza também tão evidente quanto o levantar-se do sol todas as manhãs! A revolução interior e fundamental que isso implica não faz distinção entre ser e agir. Ela é análoga a uma árvore inteira, no sentido de que não privilegia as raízes em detrimento dos ramos e vice-versa. A compreensão desse mecanismo parece de uma simplicidade infantil mas muito raros são os que a integram.

"O que se passa hoje no plano mundial tem uma coisa estranha: a árvore se resume num tronco, isto é, numa manifestação de superfície. Suas duas extremidades, a terrestre e a celeste, o agir e o ser, estão quase ausentes..."

—... É precisamente isso que nos desespera...

— Mas por que desesperar? É um bem! Do desequilíbrio nasce a vontade de equilíbrio e a procura da via de acesso a isto.

"O Governo mundial, cuja existência eu evocava há pouco e que se açula em tomar as rédeas de todas as manifestações do ser e do agir a fim de nivelar as consciências, representa, inesperadamente, um ensejo inaudito na busca da maturidade crística. A maior parte da humanidade terrestre já se acha, ou se achará dentro em pouco, diante de seus próprios medos. Ela se coloca assim na situação ideal de uma 'limpeza crística' sem precedentes. O impasse é tão manifesto que ela exige *a* Revolução decisiva.

"Cada vez que vós vos insurgis contra essa necessidade, a Vida se encarrega, mais cedo ou mais tarde, de um modo ou de outro, de revelar-vos as escórias que vossa alma acumulou no decorrer do tempo. Todos os vossos enrijecimentos outra coisa não fazem senão ancorar em vós o Princípio de Roma e endurecer-vos em relação ao que se vos afigura o inimigo ou matéria de rebelião.

"A solução, meus amigos? Transformar-vos em derrubadores de muralhas! Fundir-vos no obstáculo e, ao visitá-lo a partir do interior, aprender a conhecer assim vossos próprios átomos... pois, não duvideis, são os vossos átomos que exigem a própria transmutação. A Revolução lhes diz respeito em primeiro lugar. Ela toca a vossa realidade genética!

"Quando o Cristo, seus discípulos e os Irmãos essênios realizaram sua obra há dois mil anos, todo o código genético da humanidade foi por isso modificado. A consciência coletiva e individual foi marcada pelo selo deles à sua própria revelia. Trata-se de uma realidade que alguns pesquisadores científicos sinceros logo poderão pôr claramente em evidência. Ficou uma impressão no nível do ADN. Ainda que não tenha sido legível nos comportamentos humanos gerais, ela constituiu uma etapa preparatória capital para a modificação que vai sobrevir proximamente. Nessas condições, vossa 'codificação' de base sofrerá ainda uma transformação. Seus efeitos serão radicais porque a 'Vinda do Cristo' em cada um será um fenômeno muito mais eficiente que nos Tempos evangélicos. Eu diria mais 'palpável'.

"Isso não significa que as dificuldades se verão aplainadas como sob o efeito de um toque de varinha mágica, mas que suscitarão uma nova visão do mundo e o renascimento de grande número de consciências. Estas, qual embarcações, poderão cada vez mais atracar em praias novas, com outros modos de funcionamento... E quando o pensamento modifica sua lógica e suas referências, acarreta inevitavelmente uma modificação das leis físicas.

"Tudo isso quer dizer que o corpo humano vai descobrir para si novas potencialidades e que a natureza deste mundo começará, ela mesmo, a obedecer a outras regras. Não que essas regras não tenham existido anteriormente, mas o acesso a elas não era concebível. De certo modo, meus amigos, é analogicamente uma espécie de acuidade auditiva e visual diante da Força de Vida que está em vias de ampliar-se. Mais um véu vai ser rasgado... sem dúvida com dor, como todos os rasgamentos, mas também com uma esperança imensa.

"Tudo isso evoca, portanto, a 'Era da Pomba' que sugeriu o Mestre Jesus em grande número de seus ensinamentos, uma era de Revolução que levará uma multidão considerável de seres humanos a entrar em contato com sua ternura profunda e a deixar esta última expressar-se através das tomadas de posição e dos atos.

"O acesso à Jerusalém Celeste ou, se preferis, à encarnação do Princípio de Shambala sobre a Terra se revelará cada vez mais evidente e realizável por essa via.

"O universo vibratório de Shambala, de onde saiu, entre outras, toda a corrente essênia, já não pertence ao domínio do sonho. Compete-vos concretizá-lo exatamente como haveis tão bem sabido manifestar o Princípio da Roma babilônica na qual hoje vos debateis.

"Deixai-me dizer-vos que a realidade de Shambala se oferece neste mesmo momento em dois pontos do vosso planeta. O primeiro, que continua a ser a zona-raiz, situa-se, como todos sabem, no norte dos Himalaias. Quanto ao segundo, brilha no nível da Cordilheira dos Andes, no escrínio de altíssimos vales. Ele permanece em conexão com certos pontos precisos da floresta amazônica. Trata-se, no caso, de uma verdadeira embaixada da vibração crística e essênia no continente americano, de uma escala principal d'Aquilo que vos chama e que, de há alguns decênios, sai progressivamente do seu silêncio.

"Com efeito, nos tempos muito antigos, a civilização egípcia mantinha relações estreitas com o continente americano. Razões devidas à anatomia sutil do planeta fizeram que contatos intensos fossem feitos sobretudo com a cadeia dos Andes. Essas relações foram particularmente efetivas na época do Faraó Amenófis III*, ou seja, quando se estruturou a base de todo o Conhecimento iniciático destinado a espalhar-se pelo Ocidente. Se o movimento essênio e sua sensibilidade particular viram o dia em círculos muito restritos naquela época, paralelamente e nascida do mesmo impulso, nascida uma Fraternidade andina análoga. É essa última que se apresta hoje a revelar-se mais claramente para trazer sua contribuição à única revolução que existe.

"O que há de espantoso se, há alguns anos, era celebrado, um pouco mais ao norte, na América Latina, o próximo regresso de Quetzalcoatl? Quetzalcoatl, a serpente com plumas, veicula nessa parte do continente americano a consciência crística naquilo que ela tem de fundamental. Simbolicamente, aliás, a união magnífica da serpente e das plumas representa a fusão transformadora das forças terrestres e celestres. A Terra e o Ar são sempre representações do agir e do ser. A reaparição de Quetzalcoatl, vede bem, é o mergulho da Pomba crística na matéria densa.

"A revolução do Kristos, a dos essênios e de Míriam de Magdala, deverá manifestar-se notadamente por uma metamorfose das línguas humanas."

— Não podes ser mais preciso, Irmão...?

— Não somente posso, como também faço absoluta questão disso, uma vez que o problema da linguagem é fundamental. A linguagem, as palavras são, com efeito, uma das manifestações de base do casamento entre o ser e o agir. Na realidade, não é o som simultaneamente da ordem do sutil e do denso? Não se diz, aliás, que o Verbo foi o motor que deu corpo à Criação? Por repercus-

* O pai de Aquenaton.

são e analogicamente, isso significa de modo claro que os sons que saem do vosso peito possuem também o poder de criar. Eles engendram mundos, a princípio sutis, visto que participam da realidade etérica, mas depois perfeitamente densos... pois os estados de espírito que revelam e geram exigem ação. Dessarte construís ou destruís boa parte da realidade na qual viveis pelo simples expediente do mecanismo da vibração sonora.

"Ora, dize-me, que constatamos no nível da linguagem no conjunto das sociedades humanas e, notadamente, da sociedade ocidental?"

— Queres falar do relaxamento manifesto do vocabulário falado?

— É isso mesmo, mas eu direi mais incisivamente "a putrefação da linguagem". É lógico que certo estado de desarranjo e deliqüescência do pensamento acarreta uma decomposição do vocabulário... mas o inverso também é verdadeiro. A vibração de uma palavra modela a consciência que a recebe ou que se encontra na sua origem. Podeis estar certos de que, quando o vocabulário chulo ou simplesmente desvitalizado, desestruturado, passa a ser o alimento cotidiano e, portanto, banal de todo um povo, é o sinal de que este último entrou em fase de autodestruição.

"Esta constatação, podeis estar certos, não tem nada que ver com uma moral qualquer. O Universo ignora a moral porque esta é arbitrária. Por isso mesmo, quando se trata da busca do Amor absoluto, nunca se pode recorrer à noção de moral. As morais são inevitavelmente humanas... ao passo que nós estamos à procura do sobre-humano! É só a lógica solar que me leva a denunciar o 'vocabulário da putrefação'.

"Dizer: não se usa tal palavra porque isso não é bonito ou não é correto não significa absolutamente nada, pois é uma reflexão que traduz apenas um julgamento arbitrário e pontual.

"Pelo contrário, afirmar 'não usarei esse tipo de vocabulário porque conheço a natureza da vibração e do conceito que ele evoca', revela a lógica solar e também uma atitude responsável. Hoje, compete a cada um procurar compreender o porquê das coisas antes de reagir segundo um código de pensamento predeterminado. Proponho-vos, portanto, se tendes a alma e a grandeza de verdadeiros revolucionários e não sois apenas agitadores telecomandados, de não mais esperar para metamorfosear a linguagem que utilizais. Repito-vos que esta é a origem e a amplificadora de muitos de vossos comportamentos. Cada som dá nascimento a uma massa de energia que viaja, ao mesmo tempo, na vossa própria aura e na aura do mundo. Tomai, portanto, a firme resolução de vos reformar definitivamente nesse ponto.

"Não vos peço que realizeis uma tarefa de autocrítica permanente e culpabilizante; não quero tampouco que vos policieis contra o que, doravante, se converterá numa série de reflexos orais. Sugiro-vos simplesmente que alimenteis cada vez mais, de modo resoluto, o motor inverso daquele que até agora fizestes funcionar. Mais do que proibir o acesso a determinada estrada, abrireis uma nova. Como? Introduzindo, regular e conscientemente, mais e mais termos luminosos e construtivos na gama do vosso vocabulário. Isso pode parecer evidentemente pueril... mas, na verdade, é simplesmente infantil.

"Não foi, de maneira alguma, por uma preocupação estética que os essênios foram denominados, em seu tempo, 'os homens da voz de leite'. Sua arte da linguagem, tanto pela escolha das palavras quanto pela vibração de amor que estas subentendiam, criavam por si só boa parte do seu impacto. Nisto eles eram seres de exceção. Sabei, todavia, que a exceção deles é chamada a tornar-se a regra da humanidade madura. Por que, então, não lhes assumir desde já a direção? Não se trata de modo algum, de cair na afetação e, por fim, na mentira e até mesmo na hipocrisia. 'A voz de leite', que evoca um falar justo, não exclui o falar livre. A justeza, a simplicidade e a beleza das palavras chamam obrigatoriamente o nobre e o construtivo. Mas dizeis muito bem isto acima de tudo, meus amigos: mais vale o silêncio que um ferimento que infligimos. Quantas feridas não se fecham porque nasceram sob a ponta acerada de uma língua!

"A Revolução do Cristo, no próprio interior do 'Princípio romano ou babilônico', no interior também do vaticano dos nossos conceitos, conduz, sem dúvida, a uma linguagem forte. Quero falar de uma força que deve abalroar e transtornar, e não de uma energia que fere e deixa cicatrizes dolorosas.

"É a beleza das coisas que gera o seu poder, pois o Belo se situa fundamentalmente no correto. Assim, se colocais a beleza no coração das vossas palavras, a vossa presença e o vosso impacto saberão expressar a força transformadora do Verdadeiro. Sem que tenhais de provar o que quer que seja. Sem que tenhais de fazer o papel dos Cruzados ou dos missionários...

"Não vos alistais num exército. Concebe-se um exército para fazer a guerra... ainda que se pretenda, hipocritamente, que ele existe para a manutenção da paz. Os Poderes humanos são hábeis no manejo dessas noções a fim de atingir seus desígnios. O conceito de paz, colocado entre suas mãos, tornou-se infelizmente, na maior parte do tempo, um argumento de combate como qualquer outro, um instrumento de manipulação das multidões. Cada qual quer instaurar a sua própria 'paz', ou seja, a estrutura da sua ascendência sobre outrem, em resumo, o tipo de treva que lhe aproveita.

"O verdadeiro rosto da Revolução que o advento da Consciência crística põe em evidência — será necessário recordá-lo? — não pode fazer-vos entrar nesse gênero de dinâmica baseada na mentira.

"Eis aí por que, para além da determinação e da audácia requeridas para receber essa Consciência em si, a autenticidade continua a ser um fator fundamental. O problema é menos de mentir a outrem que de mentir a si próprio. A autoburla é um veneno pernicioso, pois reforça as escamas do ser encarnado e torna a meada de vossas relações com o mundo ainda mais complexa para desatar.

"A lucidez, tanto quanto a autonomia de pensamento, são, por conseguinte, os fachos indispensáveis que não devem deixar aquele que decidiu receber o Espírito da Revolução na Cidade papal de seus hábitos..."

— Eis aí duas vezes consecutivas que falas em "receber" certa consciência. Queres dizer que não haveria nada mais a fazer senão acolhê-la.

— ... Pois é mais ou menos isso! É o que a minha voz tenta, dia após dia, fazer-vos ouvir! Por que procurar conquistar ou adquirir quando não há outra coisa para fazer senão acolher?

"Dai, finalmente, esse famoso passo! Lançai essa exortação ao Espírito crístico! E não volteis nunca sobre vossos passos, não vos volteis... Ainda o ignorais, mas existe todo o espaço necessário na vossa morada para corresponder a esse chamado: o espaço iluminado do vosso coração. Derrubai vossas muralhas interiores! Elas não são mais do que tabiques que se podem mover. Autorizai a vós mesmos, enfim, a verdadeira liberdade de amar!

"O Princípio de Roma vos autoriza, sem dúvida, a apaixonar-vos; é o que vos deixa a sensação de respirar como melhor vos parece. Ele não vos permite, entretanto, tornar-vos *amantes*, o que é completamente diferente. Para receber e descobrir esse estado radicalmente novo do ser, solicita-se-vos sem compromisso que extraiais mecanismos da 'consciência ordinária' ritual e niveladora. Estou me repetindo, mas faço-o de propósito, meus amigos... pois sei que o Convite é tão difícil de fazer!

"Abençoai, pois, a corda dura desta vida e deste tempo presente pois, muito mais do que minhas palavras, ela vos oferece a ocasião mágica de vos unir ao que, para além de tudo, em vós e fora de vós, *é e age*..."

Capítulo Sete

Em Torno de Benjamim

Para todos nós, a estrada de Jericó a Jerusalém passava necessariamente por Betânia. Nesse dia, antes mesmo de penetrar no povoado, avistamos uma silhueta familiar na orla de um campo. Vestida com sua túnica parda franjada de amarelo, nós a reconhecemos imediatamente. Era a silhueta de Marta, parente próxima de Míriam, nossa irmã da aldeia de Migdel. Com mais algumas outras, ela arrancava as pedras de um pedaço de terra.

Avançávamos sem fazer barulho, os cabelos varridos por um vento quente que vinha do sul. Não obstante, ela ergueu imediatamente a cabeça na nossa direção, como se soubesse de repente que estávamos chegando. Em algumas passadas, ela estava aos pés do Mestre, que se apressou em erguê-la do chão a fim de apertar-lhe as mãos entre as suas.

— Estás de volta... — balbuciou ela.

— Estamos de volta... — respondeu ele, voltando-se para nós. — Que seria de um coração que não tivesse um corpo para abrir-se aos seus batimentos.

Pusemo-nos todos a rir e, sem tergiversar, seguimos de perto os passos de Marta que, mais uma vez, nos abria as portas da sua casa. Esta se situava no próprio centro de Betânia, uma casa simples, parecida com muitas outras, com um teto terraceado onde era bom dormir, um cipreste, algumas plantas olorosas e, ao pé delas, uma figueira encostada numa espécie de telheiro que servia de aprisco. Era o cenário que amávamos e onde as lembranças já não se contavam mais, como em casa de Míriam.

Na borda do caminho, lembra-nos ter visto três crianças que nos cumprimentavam. Eram os filhos da nossa hospedeira. Eles guardavam uma tropazinha de uma vintena de carneiros, ao mesmo tempo que entrançavam cestas que tentariam, em seguida, vender no mercado. Marta vivia só com eles; seu esposo, muito mais idoso do que ela, fôra chamado pelo Altíssimo alguns anos antes.

Na entrada da casa, nós nos apressamos em lavar os pés com a água fresca de um cântaro enorme. Assim o exigia o costume e era agradável respeitá-lo. Dizia-se que, dessa maneira, respirávamos melhor a terra que nos acolhia e que era esse o modo de melhor compreendê-la e honrá-la.

— Não vos esqueça que o vosso Pai vos fala também pelas orelhas que abriu em vossos calcanhares — nos dissera um dia o Mestre, enquanto executávamos o ritual um pouco maquinalmente demais. — Quando tendes necessidade d'Ele, levantais facilmente os olhos para o céu, mas vos esqueceis de que, freqüentemente, só ao nos abaixarmos para a terra distinguimos a Sua Presença. Vossos pés foram feitos à imagem dos vossos olhos e ouvidos; eles sabem perceber, ouvir, rezar também... e até falar de vós.

Em lugar de entrar na casa de Marta, o Mestre manifestou a intenção de permanecer fora dela. Ficamos um pouco surpresos com isso, pois o vento quente que vinha do campo desértico carregava punhados de ervas secas e areia desde a manhã. Um dos filhos de Marta, que nos havia seguido, foi imediatamente buscar o vinho. Ele nos ofereceu uma bilha cheia, assim como uma porçãozinha de copos de barro que circularam rapidamente entre nós.

Enquanto íamos sentar-nos no chão, um barulho proveniente de uma ruela nos fez virar a cabeça. Era o andar de um cavalo que se aproximava trotando. Não tardamos, aliás, a vê-lo aparecer no canto de uma casa. Um homem de idade madura cavalgava-o, ao passo que o animal puxava uma espécie de padiola improvisada num plano inclinado, sobre a qual jazia um corpo. O cavalo, que devia conhecer bem aqueles lugares, deteve-se por sua conta no bebedouro de pedra situado na esquina da rua e obrigou a voejar no meio da poeira uma nuvem de pássaros.

Vendo isso e pressentindo alguma dificuldade, alguns de nós foram ao seu encontro. Presa de viva emoção, banhado em suor, com uma das mãos manchada de sangue, o homem quase vociferava dirigindo-se àqueles dos nossos que se haviam aproximado. Trocadas algumas palavras, nossos companheiros os trouxeram para junto de nós, a ele e à sua sinistra atrelagem.

— Fica a uma milha daqui... — disse ele com voz embargada, assim que chegou a alguns passos de nós. Seus olhos respiravam ódio e ter-se-ia dito que ele nos cuspia as palavras no rosto como se fôssemos responsáveis pelo que acabava de acontecer.

— Fica a uma milha daqui — repetiu. — Com essa, são cinco vezes que eles vêm! Uma tropa completa... uma vintena talvez... como vós aqui! Eles nos ameaçavam, queriam que lhes déssemos nossos carneiros para vendê-los em Belém, no mercado...

— Por quê? — exclamou Simão-Pedro, que havia agarrado o cavalo pelas rédeas. — Eles disseram isso?

— ... Por dinheiro, sem dúvida! Por talentos! Querem cada vez mais para a sua revolução. Trabalham pelo velho povo de Canaã, ao que parece... para nós! E é por isso que temos de alimentá-los e hospedá-los. A mim pouco se me dá da sua bela revolução! Hoje cedo não quisemos mais. Dissemos não a esses bandidos. Pois, agora, olhai! Olhai para o que fizeram do meu irmão! Mataram-no...

O homem desatou em soluços e quis montar no cavalo enquanto uma espécie de ricto de ódio crispava-lhe os lábios.

O Mestre, que até então ficara para trás e que nós não tínhamos visto chegar, insinuou-se até ele e agarrou-o por uma das abas da túnica curta.

— E aonde esperas ir assim, meu irmão?

— Procurar os romanos — respondeu ele secamente. — No

primeiro posto de guarnição que eu encontrar na estrada! Vou dizer-lhes tudo.

— Sabes exatamente quem fez isso?

— Sem dúvida! São sempre os mesmos... Faz um ano que percorrem enfurecidos, toda a região. Foi Jeshua, o rabino nazareno e sua tropa. Os romanos, aliás, já começam a procurá-los!

Ficamos de boca aberta, completamente chocados pelo que acabávamos de ouvir.

— Eu sou o rabino Jeshua — disse afinal com tranqüilidade o Mestre, fixando-lhe diretamente os olhos. — Olha bem para mim e compreende o que isso quer dizer! Agora desce do cavalo...

Aquele que nos guiava os dias pronunciara essas palavras com uma firmeza inusitada, e nós trocamos... olhares de surpresa. O homem que, a princípio havia erguido os ombros com ar de desprezo, tampouco se iludiu com ele. Vimo-lo pousar lentamente o pé no solo, como que impelido por uma força exterior a si. Ele não pronunciou mais uma palavra, contentando-se simplesmente de seguir a grande silhueta branca do rabino que o conduzia até o muro do aprisco, debaixo da figueira.

— Vinde, vinde todos...

Marta e Míriam de Magdala tiveram exatamente o tempo de atirar um pano por cima do homem que jazia sobre a padiola, e nós nos reencontramos em torno do Mestre, com um nó na garganta.

Encostado no muro de pedras secas, o homem pusera-se a rilhar os dentes e agora nos contemplava com o ar miserável de uma criança que já não sabe onde está. Alguém passou-lhe um pouco de vinho, que ele bebeu em largos haustos e, logo, tornando em si, formulou algumas palavras.

— Por que eu acreditaria em vós?... É verdade que te pareces com ele, com os cabelos e a túnica... e daí? Há uma centena no deserto que têm o teu jeito e que se dizem rabinos ou não sei o quê... Têm todos a sua guerrazinha para mover, a sua causa sagrada. Vi muito bem ao que isso levava... com os romanos, pelo menos...

— Tens razão, meu irmão, observas com justeza. Se eu guardasse ovelhas, todos os dias, a teu lado, sem dúvida alguma meu coração seguiria o teu. Quando a Sombra toma emprestada a linguagem da Luz, como não desejar tornar-se cego e surdo? O mundo dos romanos não é mais simples, mais tranqüilizante? Repito-o, compreendo as tuas dúvidas e a tua revolta.

— Por que me dizes tudo isso, Rabi? — balbuciou o homem, perturbado.

— Agora me chamas de Rabi, tu também? Por que voltar sobre as palavras da justa cólera que expressavas há um instante? Tinhas razão... Eu também preferiria virar as costas para o Eterno a viver na dúvida dos que dizem agir em Seu nome. Meu coração, como o teu, precisa saber aonde vai... Eu preferiria a coerência, ainda que pesada, da voz de César, às mentiras aparentes de um hipotético Pai Celeste.

— Escuta, Rabi, não sei se eu iria realmente procurar os soldados... Só quero alguém que me faça justiça, que me ouça e em quem eu possa acreditar.

— ... Também foi por isso que me encontrasse... Benjamim.

— Que eu te encontrei? Mas como sabes meu nome?

— .. Ele está escrito em torno de ti...

O vento, que amainara subitamente, deixava ouvir agora o zumbido das abelhas à nossa volta. Lembro-me de que elas nos aqueceram o coração, como pequenas partículas de sol que viessem apagar toda e qualquer tensão.

O homem a quem o Mestre chamara Benjamim enxugou as têmporas grisalhas e, em seguida, começou a escrutar-nos, um depois do outro. Parecia perguntar-nos se "tudo aquilo" era normal.

Felipe, que envolvera a cabeça numa grande faixa de tecido a fim de proteger-se do calor cada vez mais forte, não pôde deixar de rir-se e isso acabou de apaziguar os espíritos. Vimos então, no claro-escuro da porta do aprisco, a silhueta do Mestre aproximar-se de Benjamim e colocar-lhe a mão no centro do peito.

— Desperta a partir deste instante — disse-lhe — e não tornes a chorar teu irmão. Ele também despertou. Não é um rabino que o diz, mas outro irmão que quer que te recordes. Agora, escuta-me, escutai-me todos vós.

"Este mundo está povoado de homens e mulheres que usurpam a Palavra de meu Pai. Com certeza isso sempre aconteceu, mas verifica-se hoje ainda mais. É o que acontece todas as vezes que o Sopro do Sol se torna mais presente entre nós. Aqueles cuja alma e cujo corpo não estão alinhados harmoniosamente tentam então apropriar-se de uma luz que o seu ser ainda não pode abraçar. É isso que confrontais atualmente e que tão amiúde vos perturba o coração. Conheceis muitos homens que ousam usar abertamente a linguagem do Obscuro? As palavras da paz e da eqüidade estão em todas as línguas, habilmente tingidas pelo horizonte sofredor de cada um... As palavras são sempre semelhantes a essa argila à qual damos todas as formas desejadas."

— Quer dizer que estás de acordo comigo, Rabi? Todos esses homens mentem; os que acabam de matar meu irmão por uma rebelião "sagrada", os que pregam um pouco em toda parte e também os que se abrigam nos templos.

— Não, eles não mentem, meu amigo... Conhecem sem dúvida a mentira, mas não a usam com tanta freqüência quanto supões. Vivem todos os dias no seu universo, com sua própria visão do sentido das palavras, com um ideal da altura exata do olhar que podem dirigir às coisas. O Pai de Justiça que invocam se parece com eles. Fala sempre de honrarias e poder... Por isso mesmo te digo: eles não mentem... eles não mentem. Vivem sua mentira em relação à Força que reside verdadeiramente neles... e revestem ridiculamente seu Pai, o meu Pai, da sua própria máscara. Têm a sua lógica, e o que é um mal para ti corresponde à concepção que fazem do que é justo e bom.

Judas Iscariotes, que ficara de pé à beira da figueira, estremeceu ao ouvir essas palavras.

— ... Como, Rabi? Dirias que não existe o Bem absoluto, visto que cada um o concebe a seu modo? Isso contradiz todas as nossas Escrituras.

— ... Mas o que importa não é o que esta ou aquela palavra confirme ou contradiga as Escrituras! Olha para elas como observarias as balizas romanas na estrada que vai de Tiberíades a Jerusalém. Elas delimitam uma passagem, por algum tempo. O que conta é encontrardes o caminho que é vosso no tempo que também é vosso. Agora, disse eu porventura que não existe um Bem absoluto? Eu vos ensino unicamente que existe um bem com as cores dos olhos de cada um e que aceitar compreendê-lo é cultivar um pouco de Amor e compaixão.

— Rabi, Rabi... — murmurou timidamente Marta que se reaproximara do Mestre para massagear-lhe os pés com algumas ervas recém-colhidas — compreendo o Amor que nos ensinas. Eu não vivo senão para tocá-lo cada dia um pouco mais em tudo aquilo de que me avizinho... mas a minha vida é simples. Eu não sofro. Olha para o nosso irmão Benjamim. Não sei, neste instante, o que esse Amor pode significar para ele. A morte visitou hoje a família dele. Como poderia eu falar-lhe do bem que está no coração dos que cortaram a vida de seu irmão? Creio que ninguém aqui pode fazê-lo...

— Por isso mesmo eu não tenho a intenção de tocar nesse assunto, Marta. Quando o caminho deste mundo faz que a alma de um homem se pareça com um deserto, como poderíamos pretender plantar nela uma árvore? É um pouco de água que se deve jorrar... e a água vem sempre quando se escava, porque está ali, nas profundezas, freqüentemente esquecida, mas presente desde toda a eternidade.

"Evocas Benjamim, que meu Pai trouxe até nós; quanto a mim, falo também de vós, pois a revolta de vosso irmão vos preocupa mais do que devia.

"A água, a fonte, é o olhar que podes pousar no teu caminho. Ela se envenena todas as vezes que acordas a vítima em ti. Ela se torna vivificante quando deixas falar o Discípulo através de ti. Quando me dirijo a ti, é aos Discípulos que me dirijo... Não aos *meus* Discípulos, senão aos da Força de Ascensão. Só falo Àquele que quer desabrochar em ti, à vontade e à confiança que fazem de vós os irmãos e as irmãs da Vida. Cada um chora sobre o que é reduzido a cinzas, dentro de si, ao passo que tão poucos percebem o que germina dessas cinzas!

"Durante duas vezes mil anos, cinzas se depositarão sobre vós e em torno de vós. Que fareis delas? Se vos lamentardes sobre elas, elas só desprenderão um cheiro de sofrimento... Terei vindo para que vos lamenteis? Estou aqui para que saibais o que existe realmente por trás das lágrimas e das cinzas, por trás da água do céu da vossa alma e da terra da vossa carne. Quando esse tempo tiver passado, estarei de novo entre vós, não como juiz, mas como um revelador. Muitos dirão que carregam o meu nome, quando apenas cruzaram um olhar comigo. Vou esperar e observar... Depois irei para onde me chamarão realmente, quero dizer, onde o inverno tiver preparado o verão, onde o outono já tiver sonhado com a primavera. Haverá profusão de sacerdotes nomeados por César e profusão de homens que se terão proclamado soberanos. Será este o sinal da minha presença. Cada qual será rei no seu deserto, chefe da própria revolta, sumo sacerdote da fé na sua incerteza. Digo-vos que serão necessárias todas essas cinzas e mais ainda. Será preciso tanto amor, tanto amor..."

— Mestre, falas desse tempo que há de vir como de um tempo de grande confusão — interveio Míriam de Migdel. — Será preciso tanta obscuridade a fim de que venhas para nós? Devemos abençoar a Sombra, assim como abençoei Saulo, para receber o chamado da tua presença?

— Minha irmã, minha irmã! — exclamou uma voz um tanto áspera no meio do grupo que formávamos. — Por que dizes isso? Pareces afirmar que o Rabi tem necessidade de Satã para se revelar a nós? Tu te dás conta disso?

— Deixa, Simão-Pedro... Por que essa irritação? Míriam fala a verdade... Satã é a mentira em vós, o soberano orgulhoso que ainda habita em vós. É ele quem me chama, e a sufocação com que ele vos oprime me revela em vós... Por que negá-lo? As Trevas nasceram da Luz, invocam a Luz e voltam à Luz. A Força que habita no meu coração criou César pois, através de sua confusão e mentira, César só fala n'Ela e prepara a minha vinda. Ao combatê-la, Satã canta os louvores do Eterno, meus amigos, Satã abre a porta para o Messias...

— És tu, Rabi? És tu verdadeiramente o Messias? Confirma-o mais uma vez para nós! Cumpre que Benjamim te ouça... — bradou, febril, Simão-Pedro.

— Digo-te, Simão, pois teu coração precisa ouvi-lo... mas digo-te também que o Messias que me importa é Aquele que falará de mim em vós depois que duas vezes mil anos tiverem decorrido. Esse Messias já murmura em vossos peitos. É a ele que ofereço *a* Revolução. É por isso, vê tu, que em seu sono Roma é minha aliada. É por isso que os sacerdotes e os reis que perverterão minhas palavras e minha imagem terão plena liberdade para fazê-lo. Conheces um pássaro que tenha aprendido a voar de outro modo que não se atirando, um dia, no vazio? É por isso também que Benjamim conheceu a dor e a cólera hoje cedo. Sua alma sabia que vinha a passos largos ao meu encontro. Sabia que chegara a hora de me conhecer... pois a consciência do seu irmão e a máscara desse outro Jeshua lhe prepararam a última asfixia de que ele tinha necessidade.

Um ruído de pés descalços correndo sobre o solo nos fez virar a cabeça. Perto de grande grupo de loureiros que vicejava de modo selvagem num dos ângulos da pracinha, uma silhueta feminina corria na nossa direção. Quando chegou perto de nós, toda esbaforida, reconhecemos uma moça miudinha e bem morena. Ela também se chamava Marta. Era freqüente vê-la aparecer assim quando o Mestre falava nessa região. Belo e fino, seu rosto permanecia gravado em nossas lembranças de um deslocamento para outro. Todos nos levantamos para acolhê-la pois, aos olhos de cada um, ela fazia parte dessa família da qual éramos membros e cujos laços serão sempre eternos.

— Ela está sempre contigo? — perguntou-lhe o Mestre, fazendo-a sentar-se entre nós.

— Com certeza, Rabi, ela não me deixa!

O tom de voz era jovial como o de uma criança aberta a todas as felicidades da vida. Ao mesmo tempo, entretanto, quem sabia ler não podia deixar de perceber-lhe nos olhos essa espécie de nostalgia que só pertence aos viajantes saudosos de seu país.

Enlevados pelo frescor que se desprendia de Marta, nós nos surpreendemos a evocar instantaneamente o dia em que o Mestre lhe dispensara uma atenção muito especial.

Fora no ano anterior. Estávamos a dois passos de uma daquelas grutazinhas escavadas nas dobras do terreno e que serviam muitas vezes de *bethsaid* para os membros da Fraternidade de Essânia. Ela era a sua guardiã com os dois irmãos e a mãe. Tecia muito linho e, dessa vez, estava terminando uma estola franjada de azul que pretendia oferecer ao Mestre. Comíamos tâmaras e bebíamos um pouco de leite quando Aquele que nos guiava lhe dirigiu a palavra de modo inesperado.

— Irmãzinha Marta — dissera ele —, teus olhos estão sorrindo, mas já não vejo neles o riso de outrora.

A princípio, Marta não respondeu e até abaixou o olhar... mas, tornando rapidamente a si, abriu o coração com toda a espontaneidade que era sua.

— Jeshua — respondeu familiarmente — Rabi, tudo se move aqui. Cada um pretende deter a verdade. Os romanos sabem o que é bom para nós, os sacerdotes também, os irmãos zelotes nos prometem muitas coisas, e mal se passa uma lua sem que um novo profeta procure atrair-nos para si. Todos querem salvar-nos da nossa pobreza e da nossa servidão. Nunca vi o nosso mundo tão dividido. O próprio Eterno parece dar razão a tudo o que se agita e se move. Muitos falam de amor e libertação... mas *quem* ama e *quem* liberta? Mil vezes gritei dentro de mim mesma que eu queria oferecer minha vida ao Sem-Nome... Entretanto, não sei como fazê-lo. Seguir-te? Aqui estão as ovelhas e o linho que cumpre tecer e, em seguida, vender na cidade. Há os campos tão carregados de pedras!... E os rapazes da aldeia... e também esse mercador de Beth Sean que queria casar comigo há mais de dois anos. Tudo isso me parece tão contraditório com o fato de ouvir tua Palavra e de seguir-te!

— Dize-me, então, que contradição é essa?

— Não cessas de falar-nos de outra ordem no mundo, Rabi, de uma Revolução que o Altíssimo propõe a cada um com a tua vinda. Dizes que abandonemos tudo para essa subversão. Quanto a mim, só posso falar-te do trabalho que minhas mãos sabem fazer ou daquilo que elas devem fazer para simplesmente alimentar-me... Não posso esconder-te tampouco o meu desejo de casar. Vê tu... cada dia perpetuo um pouco mais o mundo que condenas.

— Marta — volveu incontinenti o Mestre — *quem* condena *quem*? São os homens e as mulheres que vão de julgamentos a condenações. Nunca faço outra coisa senão soprar nas velas de suas embarcações a fim de que, de ilhotas em ilhotas, eles se aproximem e formulem as verdadeiras perguntas. Quando já não houver julgamento no teu coração, não verás mais condenação alguma em meus olhos, mas sim a firmeza do Amor. O mundo te reenvia sempre o teu reflexo. Estás compreendendo?

"Agora, deixa-me perguntar-te o seguinte: o que é que perpetua Roma? O tecido que se vende na cidade e as bodas que se esperam? Quando te digo 'segue-me' não é para que abandones necessariamente o teu linho e teus campos de pedras, mas para que os faça viver tanto quanto vives para eles. Toda forma de Vida te sorri quando nela reconheces a minha Força. O milho que desabrocha e as pedras do teu pedacinho de terra sempre tiveram a claridade dos meus olhos... Não o havias observado? Vê-lo é também seguir-me, é erguer-se no coração da *minha* Revolução. Quanto ao esposo que esperas, se o amas com amor, por que te aproximaria ele de César?"

— ... Mas tu mesmo o disseste, Rabi — interviera então Levi. — Não se pode servir a dois senhores ao mesmo tempo. É preciso escolher entre Roma e o Eterno!

— ... E vos direi também isto, que gravareis em vossa alma: não é possível que existam dois amores. Há o Amor, puro, verdadeiro e belo. Quer viaje para a Terra, para as Estrelas, ou para meu Pai, é sempre o Amor! Por que falar em Amor humano e Amor divino? É uma só e a mesma força. A Terra e o Céu não são dois em relação ao Sem-Nome. Assim, afirmo-vos, aquele que ama com Amor e não com o simples desejo eleva sua alma ao firmamento... E o firmamento, meus amigos, meus Irmãos, eu o encontro mais amiúde nos buracos dos caminhos e nos sulcos dos campos do que no Santo dos Santos dos templos. Virei às tuas bodas, Martinha... A Força de meu Pai é, ao mesmo tempo, homem e mulher. Por que renegaria Ela o que Nela está unido?

"O amor que vive num casal abre também seguramente os corações tanto quanto as Sagradas Escrituras dos profetas. Se, às vezes, ele parece vil, é porque usurpa o nome que carrega. Digo-vos mais uma vez: não existem dois amores. O único que existe é liberdade e crescimento, doação total e renovação perpétua. Eu vos ofereço o seu sol, mas não façais dele possessão vossa, vosso bem exclusivo. Não lhe imponhais marca nenhuma, pois aquele que delimita sempre se torna aquele que estraga.

"Em verdade, o ser que funda e consolida uma família em nome da Força que habita em mim torna-se sacerdote no seu pedacinho de terra, seguramente tanto quanto aquele que desenrola os textos da Lei no templo.

"Portanto, ficai sabendo o seguinte, todos vós que me ouvis: ninguém pertence a ninguém. Os esposos não se pertencem mais do que o Altíssimo não é propriedade dos sacerdotes..."

— ... Mas nós não pertencemos ao Altíssimo? — volveu Levi, colocando a mão nos pés do Mestre.

— Dizes, Levi, que pertencemos ao Altíssimo... Mas quem é o Altíssimo? Será ele o Homem perfeito que mora nas Nuvens que cobrem o monte Sinai? Terá ele necessidade de possuir o que quer que seja? A realidade não seria bem diferente, meu Irmão?

"Não te parece que só é tua propriedade aquilo que permanece fora de ti... Isto é, o que não sabes tocar com o coração... Quanto ao Eterno... tudo *é* Ele, tudo é parcela de seu corpo e de sua consciência... até a liberdade de afirmar o contrário. Ele nada possui, visto que Ele é tudo..."

O Mestre havia acabado de pronunciar essas palavras, quando Marta foi buscar sua meada de linho para enxugar as lágrimas que lhe perolavam os olhos...

— Ajuda-me, Rabi — disse ela igualmente. — Receio sempre que o sentido de tuas palavras escorregue da minha alma. Como não esquecer tudo isso? Parece-me que toda vez que nos ofereces o Sol só conservamos dele a claridade de uma lâmpada de óleo... e nós voltamos a ser logo, logo, tão pobres e tão cegos!

— Toma isto em lembrança de mim... — respondera o Mestre.

Vimo-lo, então, unir três dedos da mão direita e levantá-los para o céu. Vimo-lo esfregá-los uns contra os outros como se quisesse agarrar algum grão invisível de vida. Em seguida, insensivelmente, desenhou-se uma forma na extremidade deles, tão naturalmente que acreditamos, por um instante, que ela sempre estivera ali. Era uma simples pedra, nascida do ar que respirávamos, nascida da luz... não o sabíamos.

— Toma isto, irmãzinha Marta. Ela se parece com o que encontras na beira do caminho... mas fiz bater nela um coração que despertará o teu no tempo das tuas incertezas. Ela é a lembrança, o elo que não prende mas une. Carrega-a contigo como recordação da minha Presença... E ama, ama, ama a mais não poder. É assim que sempre me seguirás e que, me convidando, receberás a *ti mesma*!

Fazia agora um ano que essas palavras tinham sido pronunciadas e não havia dúvida nenhuma de que cada um de nós as reencontrara no fundo de si mesmo como se elas datassem da véspera.

Somente Benjamim não podia compreender. Ao pé da figueira, permanecia como prostrado, erguendo levemente as pálpebras de tempos a tempos na direção d'Aquele que nos ensinava. Contemplava-o então com os olhos arregalados e, logo, no instante seguinte, parecia de novo recolher-se sobre si mesmo. Seu corpo certamente estava imóvel, mas nós não poderíamos duvidar de que sua alma viajava. Pela primeira vez, sem dúvida, tentava ela perceber a cor e o sentido de cada um dos passos que ela havia dado até ali.

Entretanto, as abelhas continuavam a dar viravoltas em torno de nós. O perfume sagrado da figueira inebriava-as tanto quanto a irradiação do Mestre nos envolvia com a sua doçura.

— Ela está aqui, Rabi — disse Martinha, interrompendo assim com seu frescor espontâneo a meditação que muito naturalmente estendera seu véu sobre nós.

De um pobre saco de linho, que lhe pendia do pescoço, ela tirou uma pedra acinzentada, veiada de ocre e rosa. Não podíamos imaginar nada mais anódino... ela tinha a cor dos caminhos. Não obstante, fizemo-la passar de mão em mão. Quando foi a vez de Benjamim recebê-la, este não pôde deixar de soluçar fortemente. Benjamim ergueu-se então bruscamente. Talvez para fugir a uma força parecida com uma lembrança que subia nele... Tínhamos todos conhecido aquilo... Essa sensação fugitiva, sagrada e sempre invisível de reencontrar vestígios de alguma coisa que supúnhamos perdida. Um sinalzinho que falava dele, de nós... um pedacinho de sol que nos conta a nossa história.

— Aonde vais, Benjamim? — perguntou o Mestre com voz possante.

— Reunir-me ao meu irmão... ver os sacerdotes para as cerimônias, encontrar um sudário, não sei!

— Deixa-o dormir... e junta-te a nós.

— Ouve, Rabi, pára de falar por enigmas!

— Não me expresso para os teus ouvidos... Vai, reúne-te a teu irmão, se é isso o que queres.

A silhueta de Benjamim afastou-se de nós com passos arrastados. Seu cavalo e sua triste atrelagem o esperavam perto da casa vizinha, debaixo de um telheiro. Ele juntou-se a eles sem mesmo se voltar, como se sua alma, por um instante entreaberta, acabasse de fechar-se outra vez. Um de nós quis levantar-se para alcançá-lo e oferecer-lhe uma última ajuda, mas o Mestre dissuadiu-o disso.

Com o coração um pouco pesado, trocamos então algumas palavras sem importância enquanto alguns sorviam o pouco do vinho que lhes restava.

— Por ocasião da minha volta... — continuou o Mestre... mas foi bruscamente interrompido por um fragor de voz. Era Benjamim que gritava. Nós o adivinhávamos lá longe debaixo do telheiro, entretido em desamarrar seu cavalo.

— Rabi, Rabi! — acabou ele urrando distintamente.

A grande silhueta branca do Mestre ergueu-se incontinenti e nós a seguimos na direção dos gritos que se faziam cada vez mais prementes.

Não tardou que o nosso grupo se reunisse debaixo do abrigo na poeira da palha.

— Ele está dormindo, Rabi, ele está dormindo! — não parava de dizer Benjamim, banhado em suor, com o corpo vacilando.

— Eu não to havia dito?

Com efeito, a atrelagem, um homem parecia dormir, meio coberto por um velho quadrado de pano. Seu peito se erguia por pequenos trancos e suas vestes estavam manchadas de sangue. Adivinhava-se-lhe o ferimento na cabeça, mas este parecia já antigo. Aliás, havia ele realmente existido fora da nossa imaginação?

A bem dizer, não o sabíamos, nem uns nem outros, o que devíamos acreditar ou não acreditar... No instante anterior, um homem já não pertencia a este mundo. Tínhamos visto tudo; alguns de nós o haviam tocado... O Mestre apenas olhara para ele, e eis que ele dormia agora como uma criança depois de uma longa viagem.

Benjamim acabou se atirando ao chão como se também houvesse realizado uma das viagens mais longas que se possam imaginar.

Quanto a nós, nenhum som podia sair-nos do peito. Alguns sentaram-se na palha, outros acariciaram o cavalo e outros ainda se afastaram um pouco debaixo do sol porque aquilo era quase demais para a sua alma... Já Míriam de Migdel, as duas Martas e alguns outros se apressaram a juntar-se em torno do dorminhoco e lavavam-lhe as têmporas. O sangue coagulado não deixaria, logo mais, o menor vestígio...

— Quando eu voltar —, tornou o Mestre, ajoelhando-se e impondo as mãos sobre o crânio de Benjamim — quando eu voltar, reunirei vossas lembranças. Eu vos juntarei, pois cada um de vós é uma memória; e vos perguntarei: "Que compreendestes, que fizestes?" Sabereis então que é chegado o momento de não trapacear mais. Sabereis que não vos será possível simplesmente repetir e tomar de empréstimo minhas palavras, mas que vos será necessário transpirar o meu sol por todos os poros da alma e do corpo. Tereis realizado uma longa viagem, como esses dois homens. Tereis vivido um pouco mais de vidas e de mortes e ser-vos-á necessário saber o que fazer da vossa memória.

"Portanto, devereis escolher. Perpetuar um pouco mais o ódio ou abraçar resolutamente o amor.

"Quando eu voltar para buscar-vos, talvez não me reconheçais, pois saberei cruzar vosso caminho em silêncio. Digo-vos que o meu rosto será, mais do que nunca, o rosto de cada um de vós. Será o daqueles que continuareis a rejeitar em meu nome e que serão minhas testemunhas. Sim, será para rejeitá-los em meu nome... porque, muito longe pelo caminho, a astúcia continua sendo a companheira do homem.

"Olhai e compreendereis, meus amigos. Hoje estais ao meu lado, mas tão poucos me vêem, tão poucos percebem os olhos que estão atrás dos meus olhos e que os chamam além dos séculos! Estes vos dizem: 'Deixai a astúcia, abandonai a trapaça.' Haverá sempre homens e mulheres para tomar de empréstimo as minhas vestes. Possais vós nunca ser desses para que se realize em vós a verdadeira Revolução, unindo as margens das vidas e das mortes, das perdas e dos ganhos. Minha Revolução é a de Verdade... e a Verdade, afirmo-o, sempre é simples. Complexas serão sempre a astúcia e a mentira! Inscrevei a simplicidade da Verdade no vosso coração, gravai-a ali. Quando eu voltar, haverá uma forma de candura em certos sorrisos. Os homens verão nisso ingenuidade... Quanto a mim, reconhecerei o sinal da minha morada. Eu me instalarei nesses sorrisos, lá onde não existe poder, mas onde só se mostra a força da verdade."

Quando Aquele que guiava nossos passos acabou de falar assim, o irmão de Benjamim descerrou finalmente as pálpebras; nós o ajudamos a se reerguer e, logo, a se alimentar. Nos seus olhos havia a Luz que não faz sombra.

No dia seguinte, quando já caminhávamos pela estrada de Jerusalém, o ruído do galope de um cavalo ressoou atrás de nós. Era Benjamim. Sob o sol da Judéia, ele começava a sua Revolução. A partir desse dia, e segundo os desejos do Mestre, ele não deixou mais a nossa companhia e passou, com Martinha, a figurar entre os cento e oito.

Capítulo Oito

O Princípio da Pomba

Mais uma vez, espero que a voz venha buscar-me por dentro e aquiete minhas interrogações. Aquiete, simplesmente... Sei que ela não as resolverá, pois ninguém, ainda que o mais consumado, satisfaz plenamente o questionamento de outrem. Somente nós, no fundo de nós mesmos, somos capazes de dissolver a problemática que nos habita. Somente nós, visto que somos os seus genitores... Espero, então, a voz do meu interior... conformando-me à chave cuja forma ela assume todas as vezes.

É difícil de abrir-se. Talvez sua sonoridade familiar já esteja batendo à minha porta? Há tanto barulho...! Hoje a rádio extravasou a sua cota de "boas notícias". Quinze mil empregos suprimidos no fim do mês, um atentado aqui, um golpe de Estado ali e um Banco Mundial que faz malabarismos com números que não significam mais nada e cuja origem e cujo destino ignoraremos sempre. É difícil abrir-se...

Como não nos refugiamos simplesmente numa nostalgia, a que nos alimenta as raízes, a que nasceu há dois milênios, e depois ficar esperando, simplesmente? Esperar que as ondas venham e passem. Esperar também que Ele talvez retorne.

— Esperar? Mas é exatamente isso que não se deve mais fazer!

Pronto... é ela! Tonitruante, clangorosa, a voz acaba de penetrar no centro da minha consciência como uma claridade que se teria estendido com a subitaneidade do relâmpago.

"Esperar? Mas que queres tu, que quereis todos vós ouvir nesta Terra? Que Ele retorne, dizeis vós? Por quê? Ele nunca se foi! Ele observou, em silêncio. Foi Ele quem esperou, duas vezes mil anos, que aprendêsseis a reconhecer a Vida e que começásseis a compreender.

"A nostalgia? Digo-vos, esse sentimento não pode ser mais do que um peso. Sua beleza romântica destila um sonífero. Aliás, nostalgia do quê? Dos Tempos crísticos? Mas já voltaram os Tempos crísticos!

"Vossa consciência percorreu um pedaço de caminho na grande espiral do crescimento. Um ciclo se fechou e eis-vos mais uma vez no momento em que são redistribuidas as cartas e em que o alvo foi colocado mais alto ainda. Isso não deve assustar-vos mas, pelo contrário, estimular-vos... Não sentes o desejo e, sobretudo, a necessidade de ser outra coisa além de uma porção de medos? Medo de faltar-vos o trabalho, medo dos outros ou de não ser 'reconhecido', medo de não possuir um pouco mais... A lista pode ser longa, ainda que seja possível resumi-la com algumas palavras: medo de olhar para o próprio rosto!

"Sem dúvida, todos os vossos receios talvez se concretizem de hoje para amanhã... As caixas de papelão que toda noite servem de moradia a tanta gente nas calçadas de vossas cidades têm uma história para contar. Uma história não necessariamente muito diferente da vossa, mas uma história que cada qual poderia apreciar. Vossa filosofia e vossas certezas seriam suficientemente fortes para resistir a tudo isso? Digo-vos sem rodeios: 'Não'. Não, a menos que escancareis imediatamente *a* Porta para Aquele que não vos deixou, mas que vós haveis deixado diante da vossa casa, na calçada... há tanto tempo!

"Há tanto tempo que vos habituastes à Sua presença muda, que a vossa 'boa' consciência justificava.

"Sim, eu o confirmo a quantos queiram ouvir outra coisa além de palavras. O Cristo voltou. O nome dele vos incomoda? Talvez preferísseis chamar-lhe Maitreya ou Imã Mahdi... Pouco importa, e sobretudo pouco importa a Ele. Não é necessário que O procureis nas igrejas. Ele está aí, diante de vós, na rua e nas colunas de todos os jornais, no coração de todos os obstáculos que encontrais, e também daqueles que queríeis contornar. Ele não é, com certeza, o obstáculo em si, senão a Luz que deve jorrar deste último, o recurso desconhecido e belo que está em vós e cuja força ainda não conheceis.

"O Cristo tem o olhar amoroso que a Vida vos pede que dirijais à existência. Já é tempo de reconhecê-lo desembaraçando-vos da vossa arrogância de homem e de mulher falsamente civilizados. Se uma civilização se define até agora como uma sucessão de camadas de vernizes, de valores arbitrários e de códigos... então deixai de ser civilizados. Tornai-vos simplesmente humanos. Não existe nada mais autenticamente espiritual e, portanto, mais harmonioso do que o verdadeiramente humano. A Divindade outra coisa não é senão maravilhosamente humana no sentido mais puro do termo. Eu sei... trata-se, sem dúvida, de uma blasfêmia! Mas quem decreta a blasfêmia? Alguns funcionários que ainda não conseguem safar-se das questiúnculas de capelas.

"Não vos esqueçais de que ó Mestre Jesus, sob a sombra do Cristo, se declarava 'Filho do Homem'. Essa reflexão nunca vos espantou? Filho do Homem ou Filho de Deus? E se fossem a mesma coisa? Talvez então lhe bastasse aprender a tornar-se Humano... Ser dotado de um corpo e de uma consciência humanóides já não basta; constatais diariamente a aberração de uma coisa assim.

"Eis por que os Tempos crísticos nos quais acabais de penetrar são, em primeiro lugar, os tempos da Escolha. A dificuldade consiste em não penetrar neles simplesmente, mas deixar-se penetrar por eles. Digo-vos que toda resistência a esse processo gera inevitavelmente sua cota de sofrimentos; e enquanto não concordardes em desfazer-vos dos vossos quistos mentais, só tereis acesso a um Cristo mental.

"Um quisto mental, meus amigos, é uma programação, a saber, uma sujeição a uma energia essencialmente estranha à vossa natureza crística primordial.

"No tocante às liberdades oficiais adquiridas na vossa sociedade ocidental, não fizestes outra coisa senão trocar antigos condicionamentos por novos. Vossos soberanos se vestiram simplesmente de uma pele nova, social e interiormente falando. É inútil agora denunciar esse estado de fato enquanto não tiverdes consciência da vossa íntima cumplicidade com ele.

"Roma reinava e adormecia os espíritos com o pão e os jogos do circo; quanto a vós, cochilais à sombra dos jogos televisados e do Jornal das vinte horas. Cotidianamente vos informais das *deformações* em vigor ou que estão na moda e, assim fazendo, continuais a passar ao largo de vós mesmos.

"Parece que eram belos os Tempos evangélicos. Na verdade, não eram mais belos que os vossos. Mas ninguém acredita nisso! Os mestres pertencem sempre ao passado, e o Cristo existiu outrora... é tão mais fácil raciocinar assim e fazer pesar a responsabilidade de nossos males sobre a falta de luz que deploramos nos outros... Pois cada um de nós sabe o que lhe convém fazer, sobretudo se nos vangloriamos de algum conhecimento em 'matéria espiritual'. Cada qual se torna então um mestre e encontra para si, sem a ter procurado a fundo, uma antiga vida entre os Cátaros, os Essênios ou os Atlantes. Uma questão de moda.

"Tudo isso, no entanto, outra coisa não é além de uma reunião de palavras. O cátaro 'perfeito' ou o verdadeiro essênio de antanho não se preocupavam de deixar a sua marca. Eles não sabiam que deixariam vestígios e suscitariam a nostalgia.

"Sonhais todos vós que fostes companheiros do Mestre Jesus? E ainda que a metade da população terrestre o tenha sido, o que é que isso modifica enquanto os corações forem o que são? O que conta é que agora podeis decidir tornar-se realmente companheiro do Mestre não tergiversando mais diante da resolução que haveis de tomar...

"Mas deixai-me dizer-vos... Não se trata de 'boas resoluções'. Estas pertencem a outra era. A 'boa resolução' sempre se enfeitou de um velho gosto de 'moral catequizante'. A resolução à qual os tempos vos convidam é, como dissemos, revolução, e quer dizer 'abandono dos esquemas esclerosantes'. Ela quer dizer 'semeadura do Amor' lá onde o direito não humano, mas apenas humanóide, sugere a lei de talião. A famosa mecânica do carma, que acusamos ou sobre a qual nos descarregamos com demasiada facilidade, só repousa nessa lógica errônea que serviu de base a quase todas as sociedades terrestres. Está na hora de sairdes dela. Entre o que o vosso mundo vos autoriza a fazer e o que o vosso coração sabe, no fundo de si mesmo, que conviria que ele fizesse, existe freqüentemente um abismo que doravante deveis transpor, ultrapassando o quisto que há pouco denunciei. No ponto de ruptura a que este mundo chegou, já não podeis contentar-vos com o esquecimento ou com uma espécie de 'microperdão' diante de tudo o que, para vós, semelha uma agressão.

"A Revolução crística que virá será recebida plenamente ou não o será. Bebereis realmente de sua água ou continuareis a perfurar poços à direita e à esquerda. Até agora não fizeste outra coisa senão prová-la, e é isso que vos deu vontade de falar dela e de fazer acreditar que 'sabíeis'.

"Hoje, entretanto, já não enganareis ninguém, a começar por vós mesmos. Tudo aquilo que toma parte na mentira, seja no plano coletivo seja no individual, denuncia-se por si mesmo. Seja portanto uma das vossas metas o despojamento da alma! A essência do vosso ser sempre foi estranha à noção de trilhos e dogmas. Tentai captar essa essência e, logo, os baluartes de todos os medos já não terão lugar de ser. Não existe nenhuma receita para isso. A Vida e a ascensão a que esta incita inelutavelmente já vos foram propostas sem instruções de uso, o que é um bem. Por que haveria instruções de uso para o que se inventa e aumenta eternamente? A Divindade se expande de contínuo através de vós, e vós a provais cada dia mais... até quando vos queimais. Sobretudo se vos queimardes!

"Estai certos de que os ágapes aos quais vos convida o campo de energia crística não são definidos de uma vez por todas. O Amor que ali podeis dividir assumirá as formas mais inesperadas e vos arrastará assim por atalhos, que se transformarão em caminhos, depois em estradas e, por fim, em verdadeiras pistas de decolagem.

"Quem pode afirmar 'é assim que cumpre viver, é assim que

cumpre pensar e convém amar'? Somente o vosso ser profundo conhece o ritmo de sua respiração. Se se afastar dele e aparentar esquecê-lo, perdendo-se no dédalo das dependências, é dele mesmo que ele se separa. Toda enfermidade nasce disso.

"O Cristo está de volta, meus amigos, eu já vos disse. Mas ele volta a princípio como um potencial de ressurreição em vós, como uma força que vos incita a não mais dobrar a espinha sistematicamente sob a intimidação dos hábitos. Há milênios e milênios, e mais ainda, que fazeis greve de consciência, vendo o inimigo na casa do vizinho. Se existe um inimigo, sois vós que o colocais no poder por preguiça... Se existe um inimigo, digo eu... pois a noção de inimigo continua sendo pura invenção. Todos os que têm o sol no coração e, sobretudo, o sol do coração, a ultrapassam e enxergam além de seus obstáculos.

"Hoje, conduzis ainda vossa vida como um automobilista que freasse com um pé e, ao mesmo tempo, acelerasse com o outro. Quereis passar para uma velocidade superior, quereis o Amor, aspirais a ele mas, ao mesmo tempo, lhe impondes, de contínuo, condições, reservas, pós-escritos e notas de rodapé. Encontrais todos os pretextos para frear-lhe a difusão.

"Tantas coisas que 'não se fazem' e que, todavia, deixariam vossos punhos menos crispados.

"Podeis estar certos, o Cristo que conheceis reside na nossa cabeça, está sempre cheio de promessas 'realizadas' e 'irrealizáveis'. Fazei-o portanto, descer ao fundo do vosso peito... pois é no vosso coração que ela quer eleger domicílio. E não em outro lugar! É desse ponto preciso que ele deve elevar-se e abrasar tudo sem que seja necessário discutir a Imaculada Conceição ou outro ponto de dogma.

"Os dogmas são sempre de natureza política. Sua função é manipular e o seu valor é apenas temporal. Eles tranqüilizam os que os estabeleceram... e cada qual os estabelece em seu próprio nível. São os credos pessoais que evoluem, com demasiada freqüência, de barreiras mentais para barreiras mentais.

"O Cristo que procurais já está aqui. Entretanto, vós não o deixais respirar. Sentis perfeitamente que ele está aqui... às vezes adivinhais a sua emergência... mas ele permanece como se estivesse em liberdade vigiada no centro de vós mesmos, na melhor das hipóteses. Por que continuar a sufocá-lo debaixo de uma multidão de condições? Libertai o Divino em vós! Eu o afirmo, quando conseguirdes tirar a chave na fechadura e abrir a porta do cárcere, vós vos lembrareis das minhas palavras e direis: 'Era só isso! Era tão simples!' Rireis então às gargalhadas de todas as circunvoluções, de todos os arabescos de pretextos que vos agradou imaginar para fugir, durante séculos, não da liberdade mas da Libertação...

"Sim, o campo de ação crístico é sempre uma canção do coração, e essa canção penetra no olhar e no sorriso, vai alojar-se no oco das mãos que servem e até debaixo da planta dos pés que percorrem terras desconhecidas em mundos a serem descobertos.

"Fazei pois sair o Cristo das vossas assembléias esotéricas ou dos vossos livros de teologia! Nenhum catecismo fala tão bem d'Ele quanto o coração que ousa dizer 'eu te amo' à lição de Vida que os homens aprendem. Na verdade, é disso mesmo que se trata, ousar dizer 'eu te amo' a tudo aquilo que a Vida nos envia. Não beata e ingenuamente, em impulsos místicos descontrolados, mas com consciência, tentando compreender cada dia um pouco mais o que isso significa e implica. É assim que Aquele que vem em vós crescerá. Simplesmente com um pouco de audácia e vontade... porque onde quiserdes que a fonte crística jorre, deveis incitar a confiança no vosso potencial de Realização.

"De todas as partes, vedes homens e mulheres levantar-se, criar movimentos e brandir sua verdade como a única bandeira da Vida. Todos os estratos de vossa sociedade os produzem e já são sem conta os seus evangelhos. Não sabeis com certeza o que isso é, e acontece-vos até vogar de um para o outro, esquecendo sistematicamente que o Despertar só se encontra numa direção: a vossa. Quero dizer, meus amigos, que cada um de vós representa uma cor, que não se compara a nenhuma outra no grande quadro da Criação. Cada vez que permaneceis autênticos com vós mesmos, que não trapaceais, encheis de sol essa cor. Isso não significa que ninguém nem nada possa fazer-vos acreditar. Muito pelo contrário, *tudo*, absolutamente *tudo* concorre para tanto. Isso indica que continuais a ser o dono absoluto da vossa germinação e que o Cristo do vosso coração será eternamente o vosso último porto de atracação, a vossa herança vinda da Luz sem sombra.

"Falam-vos de seitas, e a palavra guru se arrasta sobre todos os lábios em todas as circunstâncias; entretanto, quem sabe ao certo o que essas palavras querem dizer?

"Evocai o Cristo ou o Buda diante de um milhar de pessoas e vos tornareis um personagem suspeito; conduzi cem mil soldados ao combate e sereis um grande homem, homem de respeito. Quem faz a lavagem dos cérebros de quem? Onde estão as verdadeiras seitas que envenenam o pensamento coletivo? Mil organizações e poderes oficiais se enfeitam insidiosamente com seus atributos e métodos maldisfarçados.

"O que deveis pensar e o que deveis ter constitui, no fim das contas, um evangelho para ser descoberto cada manhã nas colunas de todos os jornais do planeta. Os Partidos e os *Lobbies* são as primeiras forças que vos modelam o pensamento, as atitudes, as reações, os gostos, esclarecendo vossa relação com a vida. *Lobby* dos negociantes de armas, *lobby* da indústria farmacêutica, *lobbies* dos que estão prontos para acreditar e dos que estão prontos para engolir... As seitas não estão somente lá onde vos dizem que estão. A Ordem mundial que tenta instaurar-se as ama e alimenta onde quer que estejam. Ela finge combatê-las ao passo que elas servem à sua causa, inspirando e nivelando vossos comportamentos. Ela só tem em mente um objetivo: fazer-nos ir resolutamente do ser ao ter... e para que guardeis a sensação de ser, ela vos empenha em não pensar mais, senão em dispensar.

"Faz séculos que permaneceis no reino da dependência. Sob todas as formas que Ele toma de empréstimo, vosso irmão mais velho, o Cristo, vos diz simplesmente alguma coisa como 'basta; já é hora de vos empenhardes em libertar-vos desse reino. Chegastes ao limite do entorpecimento e de suas lições; levantai-vos e revelai-Me em tudo o que cruza o vosso olhar.'

"Sim, sabei que o Espírito vai resplandecer na Matéria! Os tempos o exigem. Ele espera apenas o vosso consentimento a fim de que participeis, com os átomos deste mundo, da grande festa de ascensão desejada pelos ventos que acariciam o cosmo. O seu princípio está na própria base da vossa natureza. Já é mais do que tempo que compreendais que Sua presença não tem nada de facultativo em vós, pois a totalidade do vosso ser é o Seu exato prolongamento. Em outros termos, meus amigos, estais 'condenados' a crescer. Prolongar o sofrimento ou provocar a cura: cifra-se nisso a vossa escolha. A Revolução vai inscrever-se até na vossa carne. A descodificação das antigas memórias deve operar-se até no seio das vossas células e libertar-vos dos resíduos condicionantes do passado. Quer o queirais quer não, sois empurrados para a limpeza. A zona de turbulência na qual entrou o vosso mundo define-se por essa função. Não vos revolteis, portanto, contra ela, porque o Amor que não tem nome constitui o seu único motor. Todo o 'trabalho' que se exige de vós consiste em saber reconhecê-lo atrás do seu véu, em acolhê-lo e, em seguida, em fundir-vos nele, sem achar desculpa para fugir-lhe.

"O Cristo sugeria aos homens da Palestina que dessem a outra face aos que os golpeavam, a fim de desviar-lhes a vontade de agressão. Ele não lhes pedia que sofressem mas que fossem buscar o mal onde este se encontrava, para que este tivesse consciência de sua vaidade. Que é que isso vos sugere hoje? Passividade? Fraqueza? Ou uma revolução efetiva das consciências?

"Sabeis o que isso significa realmente? Não significa que seja necessário que um novo Gandhi isolado se erga entre vós, mas que doravante será vital que aceiteis o abalo das vossas bases a fim de serem dissolvidas as do universo que alimenta os vossos pretextos.

"Não vos esqueçais de que cada um de vós constitui só por si, potencialmente, um verdadeiro foco de insurreição solar ou, se a palavra vos amedronta, uma base de lançamento para o mundo que virá. O incêndio se acende em torno de três focos: o não-julgamento, a compaixão e a determinação. Alimentai-os em vós através dos mil 'detalhes' da vida cotidiana.

"O 'detalhe', digo-vos, não é, aliás, sempre tão 'detalhe' quanto se pensa. O olhar que dispensais aos outros no elevador ao sair de casa faz parte dele, a qualidade do vosso aperto de mão também, assim como a das palavras que deixais assomar aos lábios. A

Revolução crística, vossa revolução maior, começa ali, com toda a sua força, num terreno de humildade. Ela não vos força, ao contrário de todas as revoltas do passado, a dizer 'não' erguendo o punho, mas vos obriga a pronunciar um sim decisivo, abrindo o coração.

"A alma, meus amigos, nunca desabrocha investindo contra uma força, não se eleva abaixando o que reprova. Ela se põe de pé numa direção e tendendo para um alvo. Estais compreendendo? Erguer-se eternamente *contra* qualquer coisa é, seguramente, desenvolver o princípio da adversidade. É da ação desse princípio em vós que estais cansados sem mesmo dar-vos conta disso. Cumpre romper com ele. Sem tergiversar, sem odiá-lo, visto que ele tem sido, apesar de tudo, o vosso campo de experiência.

"Sabeis tudo isso, sem dúvida. Minhas palavras não constituem mais do que um novo chamado, dizeis vós... Mas que estais esperando então para manifestar essa verdade? Não basta saber... Aquele que sabe limita-se a dar lições... ao passo que aquele que Vive, ele próprio mesmo se torna ensino. Viver! Nada, finalmente, nada mais vos é exigido... Viver e não hesitar diante da existência, amontoando planos sempiternos e sutis de dominação.

"Sois, portanto, repito-o, focos de insurreição sagrada em potencial. Podeis continuar, seguramente, a esperar sinais, manifestações flagrantes de uma presença celeste que confirmará a 'Energia que sentis'. 'Energia', que bela palavra! Está em todas as bocas. Pertence àquele que melhor a perceber! E que inquietação para aqueles que, honestamente, não conseguem perceber essa famosa 'Energia'. Eles se julgam quase anormais. Do Cristo que se reduziu no Catolicismo àquele que devia vir salvar-vos a bordo da sua nave espacial, não há mais que um passo, o passo que nunca se dá para não assumir uma atitude radical. Não existe nenhum Salvador para os que querem fugir das suas responsabilidades.

"Tudo isso não quer dizer, meus amigos, que não haverá 'sinais no céu e na terra'. Haverá... e tão impressionantes, tão palpáveis que será difícil para vós acreditar neles. Entretanto, não são eles que metamorfosearam o vosso ser, nem as características que lentamente insuflastes neste mundo. Se é certo que eles se colocarão como testemunhos da emergência crística, sabereis, apesar de tudo, tanto uns quanto os outros, interpretá-los de modos tão diferentes que um pouco mais de confusão terminará a limpeza dos egos.

"Esses sinais virão, ao mesmo tempo, da terra e de outros mundos como os últimos elementos de uma encenação divina que visa deixar expressar-se no homem o melhor e o pior. Todos os castelos de areia desmoronarão, todas as jóias cintilarão.

"Aonde irá então a vossa confiança? Tantos navios arvoram cores crísticas! Tereis duas soluções, duas tentações: refugiar-vos outra vez na segurança de um integrismo que vos determina que continueis a mastigar os mesmos dogmas soníferos, ou avançar, aparentemente sozinhos, aparentemente sobre uma corda esticada, tendo por única vontade a de aprender a amar e a servir a Vida, aconteça o que acontecer. A opção, pois ela existe sempre no plano individual, é portanto fugir nos sulcos do passado ou começar a encarnar o espírito onde a Vida vos coloca.

"Eu vos chocarei sem dúvida afirmando que ainda não sois hoje nem Essênios nem Zelotes. São muitas as hesitações que vos percorrem as veias... são os Fariseus e Saduceus que se exprimem sempre através dos vossos atos e palavras.

"Quando aquele que dá lições e imobiliza o Sol se extinguir em vós, quando aquele que protege seus bens e se agarra ao que a existência lhe emprestou já não tiver lugar em vossa consciência, então será a hora... Não de vos dizer Essênios nem de vos enfeitar com algum título de iniciado, mas de Ser, ou seja, de ser verdadeiro, e de não fazer mais 'retenção de Vida'.

"Crede-me, tudo ou quase tudo o que podia ser divulgado para o vosso coração entrar em fermentação efetivamente já foi dito e escrito, em função da vossa capacidade de integrá-lo. Resta agora aplicá-lo. Não busqueis uma porta dissimulada para contornar esse início de trabalho. Ela não existe. Os acontecimentos nos obrigarão a mexer-vos fora e dentro. Seguireis pela estrada do endurecimento por mais algum tempo, ou pela estrada do enternecimento... do verdadeiro enternecimento, que propicia a resistência e a transparência do diamante. O Apaixonado é um terno cujo coração não teme nenhum risco, nenhuma cilada. O Cristo dos fracos, vede vós, não é o Cristo. Este estará, por muito tempo ainda, pregado num pedaço de lenho como eterna vítima dos 'maus'.

"Em verdade, já é tempo de compreender que o crucifixo não é a cruz. Ele evoca a tortura que se perpetua e imobiliza mas, com certeza, não evoca a encruzilhada dos caminhos que são os esponsais do Céu e da Terra. Terão sido precisos dois milênios para que um número decisivo de homens e mulheres comecem a entrevê-lo. Quereis ser um deles? A questão da vossa transformação pode igualmente ser formulada desta maneira: quereis ser uma engrenagem consciente no advento da Era da Pomba?

"Eu dizia que foram precisos dois milênios para que certas noções pudessem ser claramente concebidas e expressas com o máximo de liberdade. Não acrediteis que, na aurora do que vem, o véu das limitações seja definitivamente rasgado para todos. A Paz verdadeira não se impõe, não se decreta. É um estado que se convida e se vive desde o interior da alma. Ela faz dessa alma a intermediária, a intérprete transparente entre o Espírito e a matéria densa. A Paz se aprende, se experimenta, se cultiva e, depois, se expande.

"Não acrediteis, portanto, que ela se imporá de um dia para outro sobre esta Terra, ainda que a Presença esteja aí, mais do que nunca, trabalhando através das laminagens mais profundas e dos mais belos prodígios. A Paz não é trabalho d'Ela, mas o *vosso* trabalho. Ela é vossa responsabilidade a partir do momento em que vos abrirdes à força pura do seu coração. Deveis, não construí-la, pois, não a decidimos a partir de planos precisos, mas chamá-la como potência presente a todo momento, potência freada e sepultada debaixo de toneladas e toneladas de orgulho.

"Afirmo-vos que a Paz é a divindade; é esse Deus cujo nome hesitais em pronunciar porque ele tem sido objeto de tão múltiplas mascaradas...

"A Divindade reside em vós exatamente como vós viveis n'Ela. Ela, portanto, não tem de ser construída, repito-o, mas tem de ser exumada dia após dia. A Era de Aquário, de que tanto se fala, vos anuncia antes de tudo um novo aprendizado, uma nova maneira de penetrar na Matéria.

"Em verdade, essa Matéria deve reencontrar a memória, pois ela é amnésica, e a humanidade é o elemento ativador dessa memória. Ela é — e vós sois como ela — pó como dizem as Escrituras... mas de estrelas! Vossos átomos provêm de todos os horizontes do universo, e sua chama, de todas as dimensões da Vida. Dessa maneira sois filhos e filhas da liberdade absoluta, por essência crianças prometidas à libertação, artesãos inelutáveis de todas as ressurreições... e da Ascensão.

"O Pentecostes conta uma bela história de há duas vezes mil anos. É a história de um pequeno número que prefigura uma multidão bem maior, que hoje se constitui. Não sejais nela apenas um símbolo, pois ela é também a narração daquilo que foi uma realidade concreta. Hoje precisais compreender que o que chamamos o 'milagre do Espírito Santo' exige que se encontre o seu prolongamento imediato... com outro olhar. As noções de milagre e de Espírito Santo devem ser absolutamente desmistificadas.

"Sabei, em primeiro lugar, que o milagre não existe... a menos de convir em que tudo é milagre, isto é, fora do alcance da nossa compreensão e do nosso domínio. Quanto a mim, prefiro dizer-vos que a noção de milagre é um contra-senso, pois contribui para alimentar a cisão entre o homem e sua natureza divina. Ela coloca o que aparece como um prodígio fora do alcance da consciência humana. O 'milagre' é o fruto natural de uma abertura e de um alinhamento total com a Divindade que habita todo ser. O 'milagre' se torna assim o alvo permanente da Vida que se encontrou e que exerce plenamente sua verdadeira função. Ele traduz exatamente a fluidez que deve existir entre o homem a sua natureza sublime. De certo modo, ele não faz senão bradar 'tudo está aí, pegai o que vos pertence, servi-vos, manifestai vossa fusão com o Todo'. Está visto que ele não oferece seu exemplo à imagem mental do Cristo em vós, a que conservais e que vos torna tão estranhos ainda à sua expressão.

"'Pegai e manifestai vossa natureza sublime': eis o que vos é sugerido pelos tempos que vêm... e que, na verdade, já estão aí! Manifestai o Espírito que habita em vós, vale dizer, o último mago transmutador que é o Amor. Não o censureis mais. O Pentecostes é o desafio a todos vós! O Princípio da Pomba se afirmará então como princípio da Revolução crística. Estimula o que chamarei de vossa capacidade de desobediência. Eis uma expressão que vos surpreende, sem dúvida. Ela é capital. Até aqui tendes sido servidores perfeitos, direi até zelosos, da Ordem da Sujeição. Odiastes quando 'era preciso' odiar. Procurastes dominar quando ela o desejava. Acrescentastes ao vosso peso tanto quanto ela o sugeria e o legitimava. Em resumo, todos vós fostes perfeitos colaboradores da Ordem do Esquecimento e da Dor.

"Com certeza, de tempos em tempos, de uma vida à outra, tentastes fazer-nos algumas perguntas. Hoje essas perguntas já não bastam. Sois chamados a outra coisa. Sois convidados a desobedecer... em dois planos que não podem ignorar-se um ao outro, tão idênticos são em sua origem e em seus efeitos. O Princípio da Pomba vos sugere a desobediência em face da exteriorização, cada vez mais evidente, do Governo mundial, e a desobediência diante de vossos apetites egóticos. Esse período, para aqueles dentre vós que estão aptos a captar-lhe o sentido, anuncia-se como um período de ruptura com os reflexos ancestrais.

"Testai-vos! Vossa capacidade de desobediência é o barômetro da vossa boa saúde. O ideal e a moral barata dos folhetins e dos jogos televisados acabaram fazendo de vós crianças bem-comportadas demais. Dizeis 'meu Pai que estais nos Céus...' mas ouvis 'o vosso mestre que está nos comandos televisivos das vossas reações, dos vossos desejos, dos vossos medos'... e seguramente de uma cédula eleitoral que proporciona a ilusão de decidir. Há mil maneiras de fazer o aprendizado da insubmissão. A cada um compete procurar a sua em relação com o seu cotidiano; não com um espírito pueril e rebelde, um espírito de provocação, mas com o espírito da paz e do Despertar, que é o seu inspirador. Isso exige um pouco de domínio e vigilância, é verdade... mas é ainda mais verdade que já é tempo de se empenhar para pôr termo aos simulacros. Cabe-vos, portanto, inventar a vossa própria insubmissão firme e amorosa.

"Vós vos queixais da invasão de certa violência, ou melhor, bestialidade, mas vós ireis aumentar sistematicamente, ou quase, o número dos que se deleitam diante do último filme da moda em que ela astutamente é exaltada. A vós compete descobrir a solução.

"Lamentais as chacinas cometidas a alguns milhares de quilômetros de vossa casa, mas colocais amiúde sobre o vosso próprio vizinho o olhar cortante de um inimigo. O germe das guerras desponta sempre na escala individual. Cabe a vós revelar a solução.

"Maldizeis os impostos que vos sufocam, mas continuais incansavelmente a ouvir os que os decretam. Estes só têm o poder que lhes concedeis. A vós compete fazer nascer a solução.

"Digo-vos que tudo isso diz respeito ao Princípio da Pomba. O que vem, O que é, O que será está presente no coração do *Todo*.

"O profano e o sagrado? Ignoro-lhes a diferença, meus amigos. Tudo, tudo em sua essência, canta *a* Vida, *o* Amor e *a* Beleza. Escutai... O sol apostou que podeis juntar-vos a Ele em sua eternidade. Não o ouvis?"

Capítulo Nove

A Estrada de Jope

Os acontecimentos se haviam consumado. No meio da nossa confusão, das nossas dúvidas e de um sofrimento comum, que já não sabia como expressar-se, o Mestre tinha sido levado ao patíbulo. Ele o aceitara, organizara-lhe pessoalmente, como víamos, os mais mínimos detalhes a fim de poder dar-lhe o valor de um símbolo. Não tinham sido os romanos nem o Sinédrio que, na verdade, haviam pronunciado a ordem para matá-lo. Estes últimos não tinham sido senão uma lança... Quanto à lança, a humanidade inteira a brandira.

Desde a origem dos Tempos, o povo dos homens percebeu os Raios de pura Luz como agulhas plantadas em seu calcanhar. Invariavelmente, tenta desembaraçar-se deles. Foi, portanto, assim com Aquele que nos guiava... Mas só foi assim à superfície, somente à superfície.

A Memória do Tempo não revela os acontecimentos como se diz que eles aconteceram!* Os poderes clericais, sejam eles quais forem, raramente souberam agir como espelhos deformantes, à

* Ver *Mémoire d'Essénien*, tomo 1, de A. e D. Meurois-Givaudan, Ed. Amrita.

vontade dos interesses do momento. Existe, portanto, de um lado, o que eles transmitiram e, outro, o que realmente aconteceu...

Seja como for, depois que ele foi imolado pela consciência coletiva, o Mestre se manifestou fisicamente em várias ocasiões na presença de certo número de nós. A cada uma delas se diria que a Força que o havia possuído, e que seus olhos traduziam sempre com uma ternura tão bela, se espalhava um pouco mais sobre nós. Ela ainda não acabara de se insinuar em nossos peitos e nossas veias. Operava uma obra da qual é certo que nenhum de nós lhe adivinhava a extensão. Hoje, dois mil anos depois, creio saber o que o verbo "gravar" significa para a alma...

Aconteceu que, volvido algum tempo após o desaparecimento oficial do Mestre, uma dezena dos nossos se reencontrou caminhando sobre a estrada pedregosa e branca de sol que conduzia a Jope!* Estávamos na companhia de nossa irmã Míriam da aldeia de Migdel.

Contrariamente ao seu hábito, ela não dizia nada. Na verdade, parecia muito pouco presente ao nosso lado, como se alguma coisa inusitada a perturbasse. Ao cabo de algumas milhas, decidi aproximar-me dela a fim de saber se alguma preocupação a atormentava.

— Ao contrário, Simão — respondeu ela, iluminando o rosto tão estranha quanto subitamente. — Não posso impedir-me de sonhar com o que vivi na última lua. Não é uma lembrança... é uma coisa diferente, que me dilata todo o ser de modo permanente e quase invisível. Antigamente, vê, eu sentia uma espécie de fogo e de vontade que me animavam constantemente e me impeliam todo o corpo numa certa direção... Mas desde o dia, do qual te estou falando, nada mais é como antes; não são nem um Fogo nem uma vontade que me mobilizam. Parece-me que eu me tornei esse Fogo e essa vontade... e isso está além da minha personalidade, compreendes? Quero dizer que isso não tem nada que ver com qualquer coisa de tenso em mim, como aconteceu durante tanto tem-

* Atual Jafa.

po. Com efeito, passa-se exatamente o contrário. Encontrei de repente uma paz, uma base e uma certeza tão serenas que me impregnaram e metamorfosearam todo o meu ser.

— Não podes contar-me...?

— Tentarei hoje... No outro dia, Joshe também me perguntou a mesma coisa, mas não consegui... Talvez fosse cedo demais! Escuta...

Míriam da aldeia de Migdel apertou o passo, como se quisesse imprimir subitamente ao corpo o ritmo com o qual sua consciência vibrava. Foi assim que nos encontramos os dois à frente do nosso grupinho, um pouco afastados do que se conversava.

"...Foi, pois, por ocasião da última lua", principiou ela com hesitação. "Com Pedro, João, Levi, a mãe do Mestre e alguns outros, com os quais nos havíamos reunido para decidir qual seria o melhor procedimento a ser adotado diante das perguntas que o povo não cessa agora de saltear-nos. Era o fim da jornada e o aposento estava escuro... Cada um de nós dava parte do estado de sua alma e das dificuldades que sentia. Cada um tentava também comentar as palavras do Mestre quando do nosso último encontro comum com ele. Tínhamos dividido também alguns biscoitos e um pouco de vinho, como ele gostava que fizéssemos.

"Em dado momento da tardinha, a mãe de Jeshua disse que desejava levantar-se para ir respirar o ar de fora, pois sentia alguma coisa estranha em si. Com efeito, sua tez me pareceu muito pálida, como se ela estivesse à beira de um mal-estar. Eu a acompanhei, pois, alguns passos debaixo das romãzeiras vizinhas da casa em que estávamos. Acima das colinas, o sol era apenas uma enorme bola de fogo que tudo abrasava.

"Ao passo que eu lhe segurava o braço debaixo das árvores, nossa irmã Míriam* parou subitamente de andar. Eu olhava para ela para tentar compreender e vi que suas pálpebras tinham começado a bater muito depressa. Compreendi que não devia dizer mais nada. Finalmente, seus olhos acabaram de cerrar-se. Eu vi então tomar uma longa inspiração e ela se pôs a falar.

* Maria, mãe do Mestre Jesus.

"'Voltai para a casa', murmurou ela com voz estranhamente grave, que era a sua. 'Voltai para essa casa e esperai, pois eis que ireis reencontrar-vos...'

"Isso não durou mais que um instante, pois ela abriu imediatamente os olhos. Cambaleava e não parecia ter a consciência exata do que acabara de dizer. Ajudei-a, portanto, a reunir-se ao nosso grupinho e nos sentamos de novo com os outros. Durante alguns instantes tentei dar parte a todos do que acabava de acontecer, mas não conseguia. Dir-se-ia que os meus lábios estivessem selados. Ninguém, aliás, dizia uma palavra e, como a obscuridade acabava de tomar conta do aposento, eu disse a mim mesmo que iríamos, sem dúvida, passar a noite daquele jeito, à espera de 'alguma coisa'.

"Entretanto, não deveria ser assim, Simão, pois eu logo senti que uma modificação acontecia em mim mesma. Não era uma impressão nem um sentimento que me invadia o coração. Não, era... alguma coisa 'sólida' que se fazia cada vez mais presente em toda parte do meu ser. Uma força... que se tornava palpável.

"Minha mão buscou, na penumbra, a da mãe do Mestre para certificar-me de que ela estava bem... Sua mão estava fria, quase gelada. Não obstante, pôs-se a responder ao meu aperto de mão como se quisesse fazer-me compreender que eu não devia inquietar-me.

"Então continuei a esperar... Mas quanto mais esperava, mais me enchia daquela 'alguma coisa' indizível. Era realmente uma Força, compreendes? Uma Potência... Uma Potência alegre, tão cheia de alegria que houve um instante em que precisei conter-me para não estourar de riso. Abri então os olhos, procurando distinguir o rosto dos companheiros. Só vi sorrisos... Todos, sem dúvida, estavam animados pela mesma Presença. Nesse momento, a mão de Míriam, sempre gelada, estremeceu na minha e vi que o cômodo se iluminava. Como dizer...? Não era alguma coisa exterior a ela ou a nós. Pelo contrário, a claridade estranha, branca, talvez, lilás também, parecia sair de cada um. Nós éramos... eu não diria a origem... mas nos tínhamos tornado como lâmpadas de óleo que um fogo misterioso acabava de animar por dentro e que brilhava.

"A um dado momento, foi-me impossível manter os olhos abertos. Vi então que eu encontrava a mesma claridade atrás de minhas pálpebras fechadas, talvez ainda mais intensamente. Sem dúvida mais intensamente, pois tive a sensação de cair na direção do Sol. Digo bem 'cair' e não subir... mas era uma descida cheia de felicidade como se, afinal, eu fosse reencontrar a *minha* Casa, como se a nostalgia, que nunca conseguira deixar-me realmente, tivesse acabado.

"Senti, ao mesmo tempo, que as minhas costas se enchiam de um Fogo que eu não conhecia. Hoje ainda eu não saberia dizer se ele era ardente ou gelado. Talvez fosse os dois ao mesmo tempo... ele acabou me enchendo todo o corpo e toda a consciência... E então, Simão, vi que eu podia compreender tudo, que eu compreendia tudo, que eu era como a própria Compreensão! Crê-me, não existe orgulho em tudo isso. Era uma Paz... uma Certeza tão profundas...! Eu conhecia tudo, as coisas e os seres, os animais e as plantas, exatamente como se eu fluísse em suas veias, como se eu fosse a sua seiva. Eu via claramente a integralidade do que eu tinha sido e do que eu sou agora. Era de uma lógica tão bela, tão maravilhosa! Eu me via tornar-me ao mesmo tempo o rochedo e o mar, a Lua e o Sol, a Terra e o Céu. Repito: isso não tinha nada que ver com uma impressão, nem com uma emoção. Pelo contrário, eu tinha entrado numa lucidez inverossímil... Talvez, e até sem dúvida, no estado que o Mestre nos sugeria constantemente.

"Afinal, como bem o adivinhas, tudo se apagou, progressivamente e sem dor. Precisamos de um bom momento, confesso-te, para comunicar-nos de novo uns com os outros. Para dizer a verdade, aliás, não tínhamos necessidade de falar-nos. Sabíamos que todos haviam vivido a mesma coisa, com a mesma intensidade, e estávamos... como na consciência de todos. Habitávamos uns nos outros.

"É isso que me faz viver agora."

— Vós vos separastes em seguida? Que aconteceu?

— Oh não, Simão, não nos foi possível deixar-nos desse jeito! Em primeiro lugar, a noite passou sem que tivéssemos a menor vontade de deitar-nos e dormir. Dir-se-ia que uma nova juventude nos tivesse sido dada. Não era somente a nossa alma que a recebera, mas também o nosso corpo até a raiz.

"Então, ao amanhecer, nós nos reunimos. Sentamo-nos sobre a relva no orvalho e começamos a falar. Quero dizer... a falar verdadeiramente, a ir todos diretamente à finalidade da nossa vida. A atmosfera que reinava entre nós ainda era estranha. Devíamos ser.. como transparentes, não sei, pois um grupo de umas vinte ovelhas veio juntar-se a nós. Os animais puseram-se a pastar o capim entre nós e voltaram a afastar-se do mesmo modo que tinham vindo. Isso nos fez rir por um bom momento; por fim, João disse que, pela primeira vez, percebia a direção exata da sua vida. Quanto a mim, observei que, pela primeira vez, ele já não se contentava em repetir e comentar as palavras do Mestre. Não, tudo o que lhe saía dos lábios vinha dele e era belo. Ele falava verdade porque qualquer coisa superior se desdobrava nele e escolhia as palavras, misturando-se a ele.

"Em seguida, foi a vez de Levi tomar a palavra e aí também se produziu um fenômeno idêntico. Eu mesma tive de dar-me conta de que minha consciência estava particularmente clara e que as palavras que eu antes jamais ousara utilizar vinham todas sozinhas à minha língua.

"Com efeito, alguma coisa se 'desatara' em nós. Não se parecia com uma força nova que nos tivesse sido dada, mas com uma Força que havia sido belamente liberada em nós, uma potência que havíamos refreado até então e que sempre estivera presente. Exatamente como o Mestre nos havia ensinado muitas vezes..."

Míriam, da aldeia de Migdel, começa então a falar durante um longo momento, ao passo que nós continuávamos a caminhar lado a lado, um pouco afastados do nosso grupinho. Seu silêncio era bom; tive a sensação de que ele despertava também em mim um pouco daquela Força que ela acabava de evocar.

Lembro-me de que, em dado momento, tivemos de apartar-nos do meio do caminho, pois um carro conduzido por um soldado romano nos ultrapassou numa nuvem de poeira. Sua presença ruidosa e aquilo que o devia estar animando me fizeram compreender bruscamente a que ponto, desde a partida 'oficial' do Mestre, todos tínhamos entrado num mundo diferente. Agora nós nos tornávamos, por nossa vez, portadores daquela 'qualquer outra coisa' que ele procurara comunicar-nos. Nós nos tornávamos responsáveis no seio de um universo que parecia cada vez mais artificial. O 'Rabi' continuava a confiar-nos cada dia mais o facho que brandira... Enfim, o sentido exato da Revolução nos tocava em profundidade.

— Sim — acabou dizendo a meia voz Míriam de Migdel, como se tivesse lido os meus pensamentos. — Agora, todos somos responsáveis, mais responsáveis do que nunca, pelo que se passará neste mundo. Nunca mais poderemos dizer "não tenho nada com isso..." Bem vejo que somos todos responsáveis por alguma coisa em tudo, tanto no que se cria quanto no que se des-cria. Somos assim autores da felicidade e da desgraça, da nossa Libertação ou do nosso encarceramento.

"O espaço dos Céus somos nós todos que o carregamos em nosso peito, compreendes, Simão?"

Respondi que sim... Era um sim muito singelo, quase tímido, sem dúvida tímido demais apesar do Fogo que me habitava sem cessar cada vez mais.

— Tens certeza? — insistiu ela, detendo-se 'à beira do caminho. Seu olhar estava mergulhado no meu de um modo que jamais esquecerei...

Eu não encontrava as palavras para dizer-lhe até que ponto a minha certeza estava ancorada em mim, mas sei que ela o compreendeu e nós retomamos imediatamente a estrada, rindo-nos como dois adolescentes.

— À noite que se seguiu ao que acabo de contar-te — prosseguiu Míriam de Migdel — o Mestre me apareceu em sonhos. Ele estava de tal modo presente diante de mim... creio que eu teria podido tocá-lo se o tivesse ousado. "Tu também voltarás em duas vezes mil anos", anunciou-me ele. "Quando se inaugurar a Era da Pomba então será necessária ao mundo toda a tua audácia para romper os grilhões do passado. Felizes serão aqueles que me receberão através da tua intrepidez e da tua determinação. Felizes serão aqueles que não me esperarão, mas me farão acreditar neles. Estes serão os artesãos d'Aquele que deve vir, inelutavelmente."

Quando, depois de muitas horas de caminhada, a noite finalmente se estendeu sobre nós, nosso grupinho voltou a reunir-se ao pé de algumas oliveiras. Na penumbra, como última confirmação, procurei outra vez o olhar da nossa irmã da aldeia de Migdel. Encontrei-o... Ele estava impregnado de Lua e de Sol... Fiz então um voto. O de transmitir o seu brilho, a sua vontade, a sua força e a sua insubmissão a quantos não os renegassem quando duas vezes mil anos se tivessem passado.

Se hoje esse dia surgiu, se estas páginas encontram algum eco, será talvez porque já chegou a hora de o Amor tomar outro sentido, de deixar de flutuar em alguma parte dos ares... e encarnar-se afinal com a Pomba.

Anexo

Os Registros Akáshicos

Como Foi Escrito Este Livro?

O Universo é um ser vivo com todas as suas prerrogativas, com suas leis que o auto-regulam e fazem-no renovar-se, expandir-se. Se dissermos "ser vivo", diremos também inevitavelmente "memória". Foi essa memória que as Tradições orientais denominaram Registros Akáshicos, reservatório imenso, quase inconcebível, um "banco de dados", como lhe chamariam os especialistas em informática, que compreende todo o passado deste universo desde o início dos Tempos.

Não há nenhum mistério, nenhum "milagre" nisso, simplesmente uma lógica à qual nossa inteligência e nossa abertura de consciência ainda não têm acesso completo.

Sabe-se que o nosso universo é constituído de certo número de elementos, entre os quais a Terra, a Água, o Fogo e o Ar. O Éter e o Akasha são dois outros que, embora não tenham existência oficialmente reconhecida, representam um papel essencial que as gerações vindouras provavelmente colocarão em evidência.

Na realidade, esses dois elementos preexistem aos outros. São a fonte deles. É sempre o sutil que dá nascimento ao denso, e não o inverso, como tendemos a imaginar. O "eu" que se exprime pelo nosso corpo não é esse corpo, mas a essência do corpo.

Dá-se o mesmo com o universo; o que vemos dele outra coisa não é senão o elo mais grosseiro da cadeia que o constitui. Dessa maneira, o Akasha veicula de certo modo a Consciência divina através do conjunto da Criação. É um agente fundamental de sua vida e, por conseguinte, de sua memória.

Para além do aspecto "Vida" que ele comunica ao nosso mundo, impregnando-o totalmente, podemos concebê-lo como uma verdadeira "placa sensível" sobre a qual vêm inscrever-se todos os acontecimentos que se produzem em algum ponto do universo, seja ele qual for. Trata-se, portanto, de uma memória global, de absoluta fidelidade, e que contém todas as memórias individuais. Em resumo, podemos considerar os Registros Akáshicos um verdadeiro filme magnetoscópico. São os arquivos da Natureza, arquivos providos de milhares de "gavetinhas" que compreendem os arquivos mais "pessoais" de tudo o que viveu até o presente.

Será inútil dizer que não penetramos nesse fabuloso banco de dados como numa biblioteca qualquer. Isso exige, sem dúvida, um estado de ser particular que pressupõe uma ausência de vontade egótica e, sobretudo, uma intenção de serviço. O acesso a ele pressupõe igualmente uma "autorização superior" prévia, quer dizer, um pedido ou mesmo uma exigência das Forças e Consciências que têm a guarda do seu limiar. Digo bem "a guarda" pois toda fonte de conhecimento, por definição, é uma faca de dois gumes.

Cumpre precisar que não "comandamos" à nossa vontade as portas da Memória akáshica. Estas se abrem sempre por boas razões. Elas não obedecem à simples curiosidade nem a uma espécie de turismo pretensamente espiritual, senão às necessidades da evolução, desbloqueando a Consciência coletiva e as consciências individuais sobre certos pontos precisos.

Minha experiência pessoal levou-me a descobrir o acesso a essa memória por meio daquilo que chamamos comumente de viagem astral ou viagem fora do corpo. Sem embargo, a descorporação não representa a única maneira de nos conectarmos com ela. Parece que a maioria dos "sensitivos" autênticos haurem nela de múltiplas maneiras, sendo a meta de cada um harmonizar-se perfeitamente com certa "freqüência vibratória" que podemos comparar à "chave" da Porta em apreço.

Além da diversidade dos meios de acesso, todavia, só existem duas espécies de leituras na Memória do Universo. Em primeiro lugar, as leituras respeitantes a terceiros; em seguida, as leituras respeitantes ao próprio experimentador, o que vale dizer, em relação com a sua própria memória profunda, suas existências anteriores.

No primeiro caso, o sensitivo perceberá as cenas de modo neutro, poder-se-ia dizer, "exterior", um pouco como veria a projeção de um filme numa tela de cinema. Certas percepções mais sutis, como o calor, o frio, os cheiros, podem então estar ausentes.

No segundo caso, quem mergulha na Memória do Passado mergulha nela de modo mais integral possível visto que reencontra uma memória que lhe era própria. Assim, já não estará diante de certa tela interior, mas "dentro" dessa tela, isto é, no coração da cena, na própria ação, como se esta se desenvolvesse naquele instante. Todas as percepções são restituídas, até as mais inesperadas, o tato, os perfumes... Tudo, portanto, é revivido com a intensidade do presente, excetuando-se o fato de não haver intervenção possível, evidentemente, sobre os acontecimentos. A consciência de quem vê habita-lhe os olhos do passado e "experimenta" suas emoções, seus sentimentos, em suma, o que ela era e o que percebia.

Podemos facilmente imaginar o aspecto perturbador de semelhante experiência, que exige uma boa ancoragem no cotidiano...

Depois de várias centenas de leituras na Memória akáshica, tenho hoje a íntima convicção de que a noção de "passado" é totalmente ilusória. Quero dizer que o que aconteceu há dois mil, há dez mil ou cem mil anos está tão presente quanto o que chamamos de "Presente".

Percepção e certeza impossível de explicar racionalmente... no estado atual dos conceitos humanos. Dir-se-ia que alguns cientistas de vanguarda se propõem a questão dessa "simultaneidade", e que suas pesquisas começam a juntar-se às dos místicos.

O Ser realizado, embrionário em cada um de nós, estaria no centro de uma espécie de círculo, num Presente eterno, e projetaria simultaneamente em todas as direções, portanto no que denominamos o Tempo, parcelas de sua consciência que influiriam constantemente umas nas outras... Uma hipótese para reflexão, com certeza muito menos extravagante do que parece à primeira vista, e que poderia abrir horizontes infinitos. Acontece sempre que considerei invariavelmente a leitura dos Registros akáshicos como uma tarefa de caráter sagrado, à qual não podemos aplicar-nos senão com muito respeito. O que percebemos como "o Tempo" está, sem dúvida, em íntima relação com o Espírito, essa dimensão de nós mesmos que nos chama inexoravelmente, ainda que a recusemos.

Os Evangelhos Gnósticos

ELAINE PAGELS

Em dezembro de 1945, nas imediações de Nag Hammadi, no Alto Egito, um camponês árabe fez uma das mais sensacionais descobertas arqueológicas dos últimos tempos: numa caverna, protegidos dentro de um grande pote de barro, cinqüenta e dois textos dos primitivos séculos da era cristã aguardavam, há cerca de 1.500 anos, que alguém os descobrisse e os divulgasse, fornecendo pelo menos um vislumbre sobre a disputa crítica em que se envolveram os principais mentores do Cristianismo primitivo.

Em meados do século II, os autores e defensores desses escritos, embora se considerassem cristãos, foram declarados hereges pelos cristãos ortodoxos e, como tais, condenados e perseguidos impiedosamente. Hoje eles são conhecidos como os *gnósticos* (os conhecedores) – da palavra grega *gnósis* (conhecimento), não porém no sentido comum de conhecimento racional. Da maneira como eles usavam o termo, poderíamos traduzi-lo por "percepção interior", um conhecimento profundo de si mesmo, que implica simultaneamente o conhecimento de Deus.

Estudando os textos de Nag Hammadi, junto com as fontes da tradição ortodoxa conhecidas há mais de mil anos, podemos ver como política e religião coincidem no desenvolvimento do Cristianismo e começamos a perceber por que as discussões religiosas acerca da natureza de Deus ou de Cristo têm implicações sociais e políticas que foram cruciais para o desenvolvimento do Cristianismo como religião institucionalizada. A análise desses textos reabre, além do mais, questões fundamentais que mostram como o Cristianismo poderia ter-se desenvolvido em direções bem diferentes, havendo até a possibilidade de que o Cristianismo como nós o conhecemos não tivesse sequer sobrevivido.

Em *Os Evangelhos Gnósticos*, sem descuidar o aspecto documental da obra, Elaine Pagels – catedrática do Departamento de Religião do Barnard College da Universidade de Columbia –, num estilo quase novelístico a que não faltam toques policialescos, narra a história dessa descoberta, analisa as razões do ocultamento desses documentos e enfatiza a importância dessa descoberta para o estudo e o conhecimento dos primórdios do Cristianismo.

Com este trabalho, a autora recebeu o prêmio maior do National Book Critics Circle de Nova York.

EDITORA CULTRIX

OS ESSÊNIOS — SUA HISTÓRIA E DOUTRINAS

Christian D. Ginsburg

Na primavera de 1947, dois pastores que guardavam seus rebanhos próximo do lugar em que o Wadi Qumrã deságua no mar Morto descobriram algumas ânforas que continham rolos de antigas escrituras. Essa primeira descoberta despertou o interesse de arqueólogos e de estudiosos de diversos países que, nos anos seguintes, se dedicaram à exploração sistemática da área.

O interesse despertado por esses manuscritos foi tanto maior pelo fato de se referirem a uma seita de judeus, chamados essênios, que viviam numa área muito próxima de Qumrã e entre os quais Cristo teria passado sua juventude, até a idade de trinta anos.

O livro do orientalista Christian David Ginsburg antecipa e completa os estudos que vêm sendo publicados como resultado das descobertas arqueológicas de Qumrã. Ginsburg não só faz uma exposição imparcial das doutrinas e práticas dos essênios, mostrando sua ascensão e progresso, como estuda seu relacionamento com o Judaísmo e, principalmente, com o Cristianismo nascente.

Ao pesquisar e transcrever o que os filósofos e os historiadores antigos e modernos escreveram sobre o assunto e as referências aos essênios existentes no Talmude e no Midrashim, a preocupação maior do autor é encontrar o justo meio-termo entre os que se mostram excessivamente amedrontados e os que se mostram excessivamente satisfeitos com a semelhança marcante entre algumas doutrinas e práticas do Cristianismo e do Essenismo.

O livro de Ginsburg trata de um tema, sem dúvida, apaixonante para todos quantos se interessam por História e por Religião e para os que tentam desvendar o mistério que envolve a vida de Cristo durante os anos que medeiam entre sua infância e a época em que começou a pregar sua doutrina.

EDITORA PENSAMENTO

DEUS FALOU COMIGO

Eileen Caddy

Fundadora da Findhorn Foundation

Deus Falou Comigo é o primeiro livro de Eileen Caddy. Ele contém algumas das primeiras orientações que ela recebeu de sua "voz interior" depois que, com o marido Peter, seus três filhos e uma amiga, Dorothy Maclean, foi viver num acampamento no nordeste da Escócia, em 1962. Durante os anos que se seguiram, outras pessoas juntaram-se ao grupo, adotando o que logo passou a ser conhecido como um modo de vida espiritual de vanguarda, que evoluiu para a atual Findhorn Foundation e sua comunidade.

As mensagens deste livro são sobre o aprendizado da fé integral no processo da vida: confiar em Deus, no Universo, na fonte divina, seja qual for o nome que se queira usar para se referir à origem primeira de toda a Criação. Elas afirmam que em tudo existe uma sabedoria e inteligência inerentes com as quais podemos entrar em contato se nos voltarmos para dentro de nós mesmos. E afirmam, ainda, que a todo momento surge a oportunidade de um novo começo.

EDITORA PENSAMENTO

RENOVANDO TODAS AS COISAS

Henri J. M. Nouwen

"O que você quer dizer quando fala em vida espiritual hoje?"

Respondendo a essa pergunta, Henri J. M. Nouwen, sacerdote católico, professor de Teologia Pastoral na Yale Divinity School e um dos mais conhecidos mestres de espiritualidade cristã da atualidade, escreveu este pequeno livro, que pode ser lido em poucas horas e não só explica como deve ser a vida espiritual hoje mas, também, é capaz de suscitar o desejo de vivê-la.

Tomando como ponto de partida de suas considerações as palavras de Cristo *"Não vos preocupeis"*, um conselho radical e não-realista, que soa cada vez mais estranho aos nossos ouvidos, o autor discute os efeitos destrutivos da preocupação em nossa vida diária e mostra como Jesus responde às nossas paralisantes preocupações, oferecendo-nos uma vida na qual o Espírito de Deus pode fazer novas todas as coisas para nós.

Dedicado *"aos homens e mulheres que sentem um persistente anseio de penetrar mais profundamente na vida espiritual, mas que estão confusos quanto à direção a tomar"*, este livro é dirigido não só às pessoas que conhecem a história de Cristo e sentem um profundo desejo de deixar que esse conhecimento passe de suas mentes para os seus corações, mas também para aqueles que, desconhecendo a história cristã, ou mesmo não a compreendendo, experimentam um vago anseio de liberdade espiritual.

EDITORA CULTRIX

A MENTE SILENCIOSA

White Eagle

Este livro surgiu em resposta às muitas solicitações de uma compilação das palavras de *White Eagle,* escolhidas para nos guiar nos problemas do dia-a-dia e em todas as circunstâncias da vida.

Nele, *White Eagle* não nos fala de remotas alturas, mas como alguém que trilhou os nossos caminhos nas muitas e muitas vidas que passou na Terra. Seu testemunho tem autoridade, e é repassado de compreensão e de um real e terno amor.

As sábias considerações de *White Eagle* comentam, aqui, o pensamento central da obra que, parafraseando o apóstolo São Paulo quando discorre sobre a caridade, afirma: *"A alma do Mestre é constante; é benevolente, amorosa, afável; é calma, silenciosa e inabalável; é resoluta no servir; é sábia nas palavras e na ação; é um esteio de força e de luz; não guarda ressentimentos; é paciente, confia na bondade de Deus e em seu plano perfeito."*

EDITORA PENSAMENTO